제3회 세계 차문화 축제

일시 : 2018.9.15(토)
장소 : 오전10:30~18:00까지
장소 : 보문 대명콘도뒤~힐턴옆 스타벅스까지

중국15부스, 대만 5부스, 일본4부스, 스리랑카 1부스, 국내 33부스 운영

티켓판매《로열석》 ※10만원+1만원권1매포함 지정석 _ 녹차 · 말차.보이차 73청병
티켓판매《일반석》 ※1만원=로열석을 제외한 50석중 3곳을 선택

티켓예매처 　아사가차관 · 차문화원 ｜ Tel 054-741-1218 ｜ 010-2813-2050

중국 운남성 수령 2,800년 중산 백앵 차나무

인류가 채엽할 수 있는
가장 큰 차나무에서 직접 제조한
고차수 보이차

한국에 있습니다

중산 차왕 3kg 대병

NAVER 쾌활정경원

골동보이차 展

2018年 8月 10日~15日 _ 12: 00~18: 00

전시 품목

同慶號、正興號、勐景號、

甲級紅印、甲級藍印、

藍印鐵餅、紅印鐵餅、

廣雲早期、中茶鐵餅、

黃印、鴻泰昌、73青餅、

70~80年代 數字級 等

전시 보이차 문의 | 02. 736. 5705

골동보이 차회

차회 품목

1980年代 7582
1970年代 73青餅
1950年代 紅印
1920年代 福元昌 紫票

1차 8인
8月 10日 _ 18: 30 ~ 21: 00

2차 8인
8月 11日 _ 14: 30 ~ 17: 00

참가비 _ 260만/인

차회 문의 | 02. 732. 2666

대평보이차

10년이 지나도 늘 한결 같은 차
자연의 기운을 그대로 담았습니다.

차의예술 03

골동보이차의 이해 | 박홍관 지음 | 정가 : 35,000

그동안 골동보이차에 대한 글은 대부분 중국인의 시각에서 보았다. 이 책은 독특한 창고 환경으로 인해 발효될 수 있었던 홍콩을 집중 조명한 것으로, 한국의 대표적인 골동 보이차 거래의 국제적인 마스터가 집필하였다.

제12회 고전문화 전시회

경덕진 차도구전
宋元代, 明代, 清代, 現代

일시 : 2018년 8월 18(土) ~ 8월26일(日)
장소 : 고전문화 전시관 (서울시 종로구 인사동5길 7)
문의 : 02 / 722 / 0103. 010 / 7626 / 5145
https://blog.naver.com/puertea

클래스	종류	기간	개강일	강의시간	내용	내용
입문반	자사호	4주	9월 4일	매주 화요일 11:00~12:20	자사니료 및 자사호의 정의, 종류, 사용법, 무이암차, 보이차 시음	6명
고급반	보이차	20주	9월 5일	매주 수요일 19:00~21:00	운남보이 유명 고수차 산지 24곳, 1970~2010년대 각종 보이차	7명
중급반	6대다류 심화반	20주	9월 6일	매주 목요일 오전반 11:00~13:00 저녁반 19:00~21:00	중국차 60종류 - 녹차류(10종), 백차류(4종), 황차류(3종), 청차류(11종), 흑차류(18종), 홍차류(12종), 화차류(2종)에 대한 이론과 차품 심평	오전반 7명 저녁반 7명
기초반	중국차	4주	9월 7일	매주 금요일 11:00~12:30	중국차 기초지식학습과 차품 시음 자사호, 개완 등 차도구의 명칭과 사용법	7명
초급반	6대다류 기초반	8주	9월 8일	매주 토요일 11:00~13:00	중국 6대다류에 대한 기본이론과 차품시음	7명

*자세한 내용은 전화문의 혹은 https://blog.naver.com/puertea 를 참조하세요.

오운산고차 / 칼라 152페이지 | 박홍관 저 | 정가 : 9,000원

이 책은 석가명차에서 생산하는 '오운산고차'에 대한 믿음과 함께하며 6년간의 취재와 협력, 그리고 사업과 운명이라는 최해철 대표와의 인연 속에서 그간의 기록을 한 권의 책으로 엮었다.

오운산고차

그해에 만들어 그 해에 맛있게 먹을 수 있는 차
세월이 흐르면 새로운 맛으로 다시 태어나는 차
오운산고차의 경영이념입니다.

비싼 차라고 반드시 최고의 차는 아닐 수 있습니다.
다만 오운산은 정직하게 소개할 따름입니다.

주소 울산시 울주군 상북면 상북로 15
전화 052-254-4884 / 010-9232-9726
홈페이지 www.haohaotea.com

라오상하이 古韻고운

중국 국가다예사.평차사자격증전문교육

서울 신촌 (라오상하이) 고운은 2013년 중급다예사 13분을 시작으로 2014년에는 약 30여분의 중급다예사, 20여분의 중급 평차원을, 2015년 약 30여분의 다예사와 평차사, 2016년에도 약 40여분, 2017년도 약 30여분의 중급 다예사 평차사 및 고급 다예사를, 현재까지 국내 최대로 약 150명의 다예사/평차사를 배출하였습니다.

중국차기초(6대다류)반 _ 5회 10시간 茶蟲 백부송
중국국가다예사중급반 _ 12회 36시간 위만
중국국가평차사중급반 _ 10회 20시간 위만
무이암차반 _ 5회 10시간 위만
심평술어반 _ 4회 8시간 위만
보이차전문반 _ 8회 16시간 茶蟲 백부송

위만_중국국가1급다예기사. 중국 북경 '동방국예' 전문강사. 현 고운전문강사.
茶蟲 백부송_중국국가고급평차사. 현 '다음 차연구소' (http://cafe.daum.net/TeaResearch) 대표.

www.laoshanghai.co.kr
문의 : 라오상하이 고운. 02-715-1542. 010-9280-6396
서울 마포구 신촌로 20길 9 가동 108호(노고산동 33-19)

국내최대 **茶** 관련 온라인 종합쇼핑몰

차예마을은
고객의 건강한 차생활을 위한
모든 것이 준비되어 있습니다.

국내최대 차관련 온라인 종합쇼핑몰로써
찾아주신 모든 분들게 만족을 드리는
차예마을이 되겠습니다.

www.chaye.kr

본사 : 강원도 원주시 지정면 상차면길 10-1
고객센터 : 1600-0991

한국에는 차도구 옥션이 있습니다.

차도구옥션은 건전한 차도구 시장을 형성함으로써
한국의 차문화 발전에 이바지하고자 합니다.

차도구 옥션은 차인 여러분을 위한 열린 공간입니다.
여러분의 방문과 출품을 환영합니다.

차인 여러분이 소장한 차도구 가운데 사용하지 않거나,
함께 나누고자 하는 것이 있다면 차도구옥션에 문의해 주십시오.

차도구옥션은 매월 마지막주 월요일부터 목요일까지
경매를 진행합니다.

주조: 경남 울산시 울주군 상북면 상북로 15호 | 052-254-1170

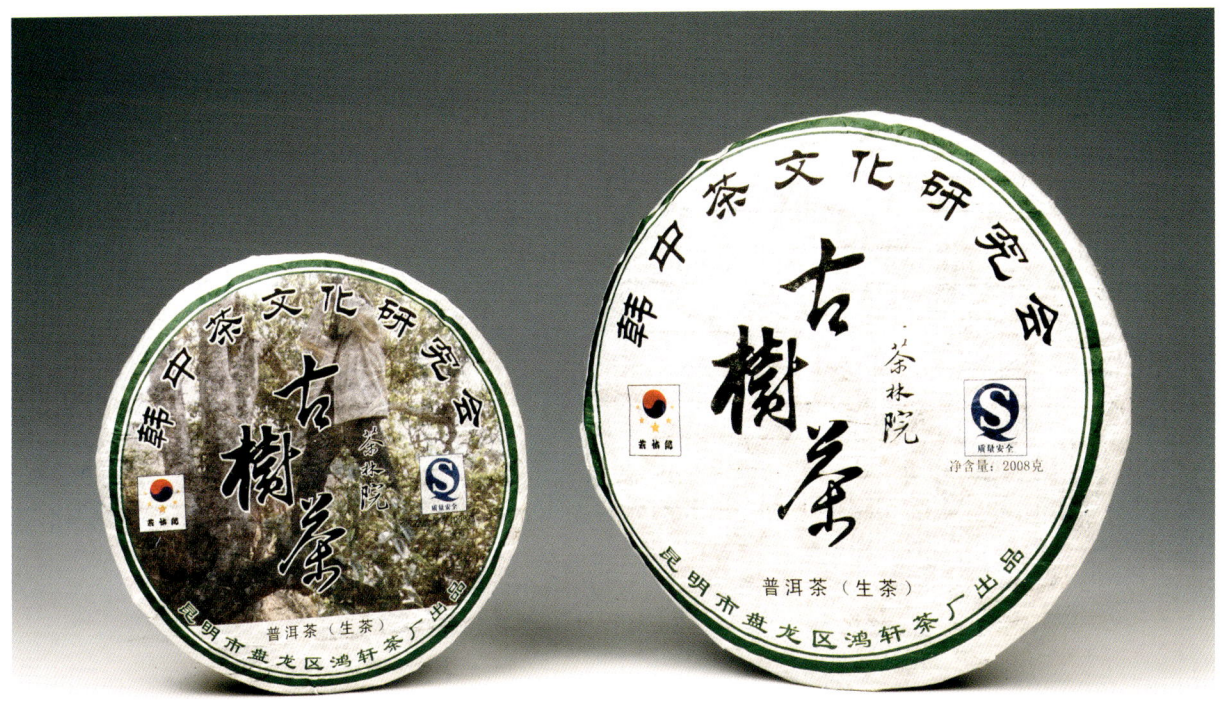

한·중차문화연구회

도림원

야생, 교목 고수차 전문점

2008년 경곡 대백호(황금보이)

부산시 남구 천재등로 11 동성하이타운상가 1호 | 051-645-8858 / 010-9313-7416

차례

발행인의 변

차도구 감상
청화백자 … 20
갈명산 육방호 … 22
근대 차도구 작가의 낙관 … 24

중국의 차관(3) … 32
향도구 감상 … 40
침향특별전 … 42
품향회 … 46
차와 향에 취한 날 … 48

한국의 10대 사찰 약수 … 52
인터뷰 경위복차 차상호 대표 … 58
중국 고차수 탐방기 … 62
중국 명요 순례 … 70
하동 야생차 품평기 … 78
쉽게 읽는 골동보이차 … 84
우리는 … 86
여름 홍차 이야기 … 88
이달의 찻자리 … 90
포슬린 페인팅 … 92
보이차 수집의 즐거움 … 96

오운산 … 100
대평보이차 … 101
휴다인 … 102
도림원 … 103
쾌활보이차 … 104
차랑재 … 105
승설재 … 106
향산 … 107
고전문화 … 110
한국향도협회 … 111
정기구독 … 112

茶席

발행처 | 티웰 · **발행인겸 편집인** | 박홍관
디자인 | 홍원준 · **사진** | 박홍관
중국어 번역 | 이장익 · **일본어 번역** | 이주희
자문위원 | 향도 / 정진단 · 골동보이차 / 김경우
발행일 | 2018년 8월10일 · **정가** 15,000원
제작 | 티웰(등록 제22-3016)
주소 | 서울시 종로구 삼일대로 461, 101동 307호(경운동, 운현궁 SK허브)
전화 | 02. 720. 2477
이메일 | teawell@gmail.com

ISBN 978-89-97053-36-0 04590
ISBN 978-89-97053-34-6 (세트)

갤러리 고검가

天上之煙 땅위의 연기......

수제 가루향(天香), 천연 벽조목, 목 다구류 제작 판매.

대구시 동구 백안동 252번지, 010-5605-3939, blog.naver.com/kingmit

중국에 차 마시러 가자

구름의 남쪽, 운남 보이차의 세계

글·사진
박홍관

중국에 차 마시러 가자 | 박홍관 지음 | 정가 : 16,000 | 디지털북스

중국을 경험한다는 것은 무척이나 막막한 일이다. 어떤 지식과 시각으로 접근하느냐에 따라 무궁무진하게 다른 모습을 보여주는 것이 중국이다. 이 책은 그 많은 중국을 보는 방법 중, '차'를 중심으로 중국을 들여다본다. 그중에서도 보이차에 대해서 집중 취재한 내용이다.

발행인의 변

필자가 최근 기회가 있을 때마다 찻자리의 중요성을 설파하며, 한국과 중국에서 유행하는 차문화의 중심에 찻자리 연출을 주목하자고 하였다. 또한 차 애호가들의 모임에서 일정한 참가비를 지불하고 모여서 차 맛을 품평하고 즐기는 전문적인 차회가 차문화를 발전시키는 여러 가지 원동력 중에서도 가장 중요한 사회문화적인 요소라고 생각하여 그 문화 속으로 들어가 보자 주장하였다.

본지의 제목은 그러한 의도를 담아 '다석'으로 정하였으며, 찻자리의 생생한 시간들을 담아 전하려 노력하고 있다. 그러나 순차적인 준비가 충분치 않기에 첫 발행 시에는 적잖이 걱정이 되는 부분들이 있었다. 이제 '다석' 1호, 2호가 출간되며 이 시대 차계(茶界)에 꼭 필요한 내용을 담고 독자들에게 다가서게 되었고, 또 독자의 반응이 좋은 관계로 이번 3호부터는 새로운 꼭지를 하나 더 마련하였다.

하나는 '이달의 다석', 또 하나는 '이달의 차회'이다. 다석과 차회의 취재 범위는 국내외 지역과 테마에 제한을 두지 않으며, 한국차·중국차·일본차를 가리지 않고 차회가 이루어지는 가능한 다양한 형식을 독자에게 제공하려고 한다.

'다석'은 이렇게 하나하나, 실제적인 차생활 속에서 차문화가 발전하는 모습을 현장 중심으로 담아내고자 한다.

이제는 우리의 차문화를 발전 시켜나가는 데 있어서, 한국차 또는 한국적인 찻자리만을 고집하지 않는 것이 차의 세계라는 크나큰 무대를 만드는 데 기여할 수 있다고 믿는다.

본지 발행인
박홍관

차도구 감상 1

靑華白瓷 高士人物紋 執壺

: 김덕기

明代 漳州窯 높이20, 최대폭17, 바닥10, 구연6cm

화사한 모란(牧丹), 풍성한 파초(芭蕉) 곁에서 담소를 나누고 있는 문인들의 정경을 바라보고 있노라면, 이런 주전자(注)는 선비의 차탁(茶卓) 위에 반듯하게 놓여 있어야 제격임을 알 수 있다. 무엇보다 기형이 단정하고 육능(六棱)의 백자 유면에 청화발색이 부드럽기 그지없는 이 기물은 손잡이, 물부리 하나도 다친 곳이 없다.

청화백자는 이슬람의 유리나 도기 등에 사용된 코발트(cobalt) 안료를 백자에 처음 적용한 것으로, 서역까지 진출해 세계 무역을 주도했던 중국 원나라에서 14세기 초 처음 만들어졌다. 이것은 회화와 공예품의 만남이자, 새로운 도자기술과 양식이 어우러진 시발점이었다. 이후 백자의 명산지는 강서성에 위치한 경덕진(景德鎭)과 절료(浙料)를 사용했던 복건성의 덕화요(德化窯), 장주요(漳州窯), 광동의 산두(汕頭), 조주(潮州) 등 수출전문 요장들이었다.

이 기물은 중국의 전통문양과 명나라 후기 양식을 보이고 있는데, 항해시대 초기 장주의 월항(月港)이나 천주항(泉州港)을 통해 주로 이슬람과 유럽시장으로 수출된 장주요 생산품으로 추정된다.

장주요는 명·청시기 복건성 남단 장주부(漳州府)에 있던 도자기 가마로서 16세기 중엽부터 17세기 말까지 60여좌(座)가 운영되었다. 주요 생산품은 백유, 청유(靑釉), 남유(藍釉), 흑유, 장유(醬釉) 그리고 청화, 오채(伍彩), 소삼채(素三彩)자기 등이었다. 이런 류의 자기들은 중국보다는 당시 수출시장이 활발하게 형성되었던 일본, 류큐(琉球), 대만, 필리핀, 베트남, 인도네시아, 말레이시아, 중동, 유럽 등지에서 많이 확인되고 있다.

茶道具 鑑賞

青花白瓷高士人物纹执壶

金惠基

　望着在华丽的牡丹和茂盛的芭蕉旁谈笑风生的文人们的情景，觉得这种水壶与文人们的茶桌是绝配。器形端正的六棱执壶白瓷釉面上，青花发色无比柔和的此器物，壶把，壶嘴没有一处受损。

青花白瓷，把使用在伊斯兰玻璃或陶器上的钴颜料首次使用在白瓷上，在曾经进军到西域主导世界贸易的元朝，于14世纪初期首次制成。这是绘画和工艺品的首次相遇。白瓷的知名产地是江西省的景德镇，使用浙料的福建省的德化窑，漳州窑，广州的汕头，潮州等地的外销窑场。此器物显现的是中国的传统纹样和明朝后期的样式，推断是在航海时代初期通过漳州的月港和泉州港，销往伊斯兰和欧洲市场的漳州窑产品。

漳州窑是明清时期位于福建省南端漳州府的窑场，从16世纪中期到17世纪末期共有60多座。主要产品有白釉、青釉、蓝釉、黑釉、酱釉，还有青花、五彩、素三彩瓷等。此类瓷器比起在中国，在当时的主要销往地日本、琉球、台湾、菲律宾、越南、印度尼西亚、马来西亚、中东、欧洲等地发现的更多。

차도구 감상
갈명상의 육방호 자사호

: 박홍관 (본지 발행인)

서울 '무위산방'은 갈명상 작가의 작품을 참 많이 소장하고 있다. 그 가운데 지난번 차도구 감상에 나가지 않은 작품 중 육방호 두 점을 골랐다. 자니와 청수니다.

조형적인 측면에서 보면 육방호가 갖추어야 할 내용을 어느 정도 갖추었다. 니료가 아주 상품이며 조형성과 함께 차도구로서의 자사호로 매우 수준급이다.

육방호라고 한다면 제일 먼저 갖추어야 할 것은 통일성이다. 손잡이에서 뚜껑, 뚜껑손잡이, 부리와 몸체는 물론이요, 바닥의 받침까지 모두 육방의 원칙으로 통일성을 획득하는 것이

가장 첫 번째 과제이다. 그러나 현대 작가들은 귀찮아서인지 손잡이와 부리, 뚜껑 손잡이는 대부분 원형을 응용하거나 나름 기형을 변형해 만들어내기도 한다.

자사호, 특히 작은 소호의 경우, 통일성이 사라지면 기물로서의 진중한 일관성을 잃어버려 마치 낙질(落帙)된 권(卷)처럼 되어 버린다. 요즘 나오는 작가들의 호들도 그러한 기형을 기준 삼아 만든 것들은 통일성을 잃은 것들이 많다.

근대 차도구의 낙관

: 박홍관

백산 김정옥 作 / 유재구 소장

우리네 차도구가 만들어지면서는 낙관이 없는 경우가 많았다.
그도 그럴 것이 낙관이 있어야 할 이유가 없었기 때문이다.
그런데 이제는 아무 작가든지 자기 낙관을 압인 형식으로 작품이나 그릇에 새겨 버린다.
그런 구별의 필요성은 과연 어떻게 생긴 것일까.

위의 사실은 자연스러운 경제적 혹은 시장의 원리로 보인다.
규격화된 그릇이 대량 제작되던 시대는 그러한 구분이 필요가 없었으나, 이후 소량 작품 제작의 시대로 접어들면서 시장의 생리상 묘하게도 소비자는 작가가 누군지 알아야만 하고, 그 작가군에서도 계층적인 구분을 짓게 되었다.
덕분에 일본 다기들에서 보이던 사인, 압인, 청화인 등등의 형식들이 우리 도자기에서도 자연스럽게 유행하기 시작했고, 그에 따라 다기나 그 외의 도자기들이 자신의 도요지나 이름을 딴 압인이나 사인을 밑굽 언저리에 표기하게 되었다고 보인다.

해강 作

　1989년 전후로 한국에서 일본으로 수출된 차도구나 화병 등의 관지나 낙관을 보면 해강 도자 작품으로 굽언저리에 '1989. 7. 해강'이란 표기가 있음을 확인할 수 있다. 이것은 당시에 연도를 제작 월까지 밝혀야 되는 사회적인 요구 혹은 윗글과 같은 이유가 있었다.

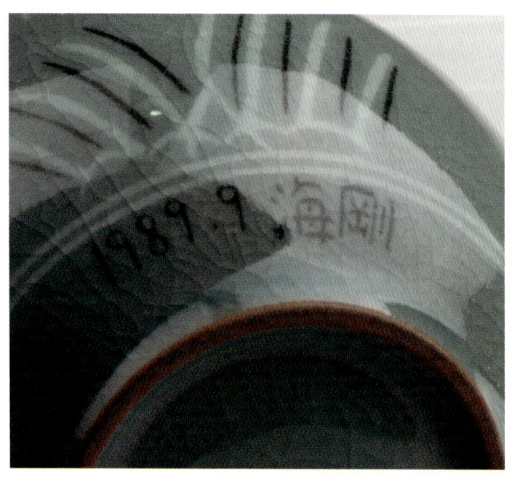 

　한국 차도구에서 압인은 다양한 형태로 발전되었는데, 문경의 인간문화재 105호 집안의 압인의 경우, 인간문화재로 지정되기 전에는 '백산'이라는 호를 찍었다면, 그 이후에는 [文化]와 [白山]이 같이 찍혀 있다. 그렇게 두 개씩 찍혀야 판매되는 어설픈 인식이 오랫동안 지속되고 현재까지도 여전히 이어지고 있다. 70년대 초기에 낙관이 흠이 되어 팔리지 않을까 봐, 굽안쪽에 살짝 남겼던 때와는 완전히 다른 양상이다.

　경기도에서 작업한 작가들 중에는 철필로 사인을 새겨 넣은 작가도 있다. 그 외 많은 작가들이 단순한 압인을 만들어 자신의 것으로 구분하고 있다. 김대희 작품은 전부 실제 사인을 하는데, 백자에는 철필로 쓴 것이 있고 이후에는 철분이 있는 것으로 사인을 써 넣었다.

신정희 作

경상남북에서는 신정희 씨 일가가 대부분 손으로 쓰여졌다. 가장 혼돈이 많은 것이 신정희 가문의 '申' 자인데, 지금은 큰 아들 신한균의 작품에 남기는 낙관이 되었지만, 신정희 선생이 생존해 있을 때는 찻잔에 '申' 또는 '熙'로 구분하였다. 이후 신경균이 독립하여 '申.'으로 옆에 점을 찍어 구분했으나, 2010년 이후 새로운 낙관을 만들어 독자적으로 사용하고 있다. 이러한 비하인드 스토리를 알면 흥미롭고 재미가 있다.

또한 이석은 도자의 감별에도 영향을 미치는 한 분야이기도 하다. 우리네 도자사 중에서 20여 년을 풍미하던 다기, 찻잔, 다관의 경우는 앞으로도 많은 싸움거리를 만들 것이며, 특히 이 압인에 '구별의 키워드'가 담겨 있다고 해도 과언이 아니다.

　1세대 사기장들에게는 자신의 작품이라는 낙관과 사인이 오히려 사치였을까?

　지역적인 구분 없이 낙관을 조사해 보면서 느낀 점은 80년대 중반부터 90년대까지는 차도구가 다완을 중심으로 생산되어 나왔다. 그 당시에는 대부분 손으로 쓰여진 것 보다는 낙관을 찍었다. 손글씨로 사용한 것은 경기도에서 분청 계열의 지순택씨와 청자에서는 해강, 백자는 우송 김대희 정도이다. 그 다음 세대에서는 청자에서 지강 작가 정도이다.

　경상남북에서는 신정희 씨 일가가 대부분 손으로 쓰여졌다. 이후 신경균 작가는 최근 낙관을 만들어 정교한 작업으로 그 표시를 하고 있는 것이 특징이다. 손으로 쓴 글씨에도 어렵게 작업하는 작가는 우송 김대희, 소강 민영기, 밀양에서는 송승화 등이다. 그 외는 낙관을 사용한다.

　이제 한국은 작가들의 작품을 구분하는 시기에 이르렀다. 아마도 30년 정도의 세월이 지나다보니 작품의 누적도 많아지고 세대별 순환이 시작되는 모양이다. 때문에 필자가 그동안 30년간 연구해 오면서 도자 작품에 나타난 한국작가 낙관의 크고 작은 사례들을 작품과 함께 게시하면서 먼저 백산과 도천, 월파의 작품을 필두로 한국차도구 작가작품 낙관인보 작업을 차근차근 진행하고자 한다.

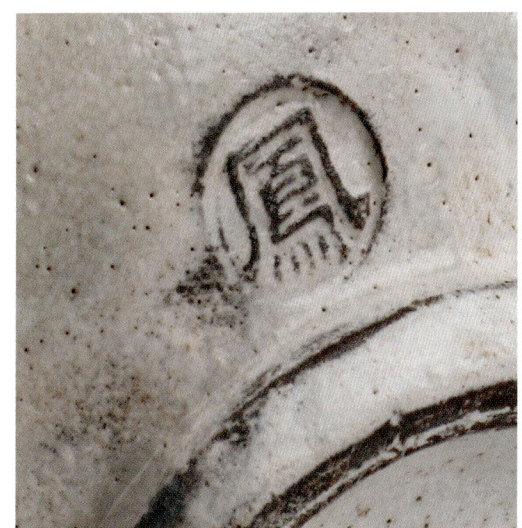

중국 차관문화의 형성과 발전 (3)

: 박영환(중국 사천대학 객좌 교수)

중국에서 '차관(茶館)'은 일반 음식을 파는 식당, 술을 파는 주점(酒店) 등과 더불어 아주 오랜 역사를 이어온 서비스 영업 활동 중의 하나로 볼 수 있다. 일반적으로 흔히 말하는 '차관의 문화'라는 것은 차관을 경영하는 활동 과정 중에서 발생하는 일체의 문화현상이다. 그러므로 '차관의 문화'는 각 시대별 차관의 형성과 발전을 따라 함께 진행되어 온 것이다. 즉, 차관문화의 형성과 발전을 이해하려면 반드시 차관의 역사적인 변천과정을 알아야 한다.

차관이 최초로 출현한 시기는 대략적으로 '양진남북조(兩晉南北朝)'01) 시대까지 거슬러 올라갈 수 있다. 당시 음차와 숙식을 제공하던 '차료(茶寮)'02)가 고대 최초의 차관인 것으로 추정된다. 이렇게 형성된 차관은 당(唐)나라 때 이르러 비로소 지금의 개념인 차관(茶館)의 정식적인 형태를 갖추게 되니, 지금으로부터 약 1700년 정도의 역사를 지니는 셈이다. 이렇게 오랜 역사를 이어온 차관문화는 대략 양진남북조부터 당대(唐代), 송대(宋代), 원명대(元明代)를 거쳐 청대와 근대에 이르기까지 여러 과정을 거치며 발전하였다.

---

1. 양진(兩晉) : 삼국지에서 조조가 세운 위(魏)나라 멸망 후, 서기 265년에 사마염이 세운 진(晉)나라이다. 진(晉)은 다시 서진(西晉:265년~316년)과 동진(東晉:317년~420년)으로 나누어지는데, 이를 양진(兩晉)이라 한다. 그 뒤를 이어 '5호(胡) 16국'의 시대와 '남북조시대'가 전개되는데, 수 문제(隋文帝) 양견(楊堅)이 중국 천하를 통일하여 수나라를 건국하기 전까지의 혼란한 시기를 일반적으로 조조의 위(魏)나라를 포함하여 '위진남북조(魏晉南北朝)시대'라고 한다.
2. '차료(茶寮)'는 다실(茶室)이라고도 부르는데, 일반적으로 영업용이 아닌 개인전용의 음차공간을 가리키며, 주로 개인적으로 차를 다려 마시거나 혹은 독서를 하는 곳이다. 이곳을 가리켜 또 다른 말로 '두실(斗室)'이라고 한다. (본지『다석(茶席)』창간호 〈중국의 차관〉을 참조하기 바람)

1. 양진(兩晉)과 당대(唐代)의 차관(茶館)

　　다성(茶聖) 육우(陸羽)는《다경(茶經)》에서 "차를 마시는 것은 신농씨에서부터 시작되었다." 03)라고 하였으며, 대부분의 차인(茶人)들도 이 기록에 대해 별다른 이견(異見)이 없다. 차에 관한 수많은 문헌(文獻)뿐만 아니라 여러 정사(正史)의 기록에서 찾을 수 있듯, 찻잎의 최초 쓰임새는 지금의 음료(飮料) 역할이 아니라 약용(藥用)이었다. 의약품이 제대로 발달하지 못했던 고대에는 주로 해독(害毒) 작용이나 치병(治病)의 기능을 했다. 그 후 시대의 발전과 변화에 따라 약용으로만 쓰이던 차(茶)가 점차 발전하여 신(神)에게 바쳐지는 제사용품으로 사용되었고, 그 후 귀족들의 전용 음료가 되었다가, 당대에 이르러 민간인들의 음료로까지 확대 발전하게 되었다.

　　그럼 도대체 언제부터 차를 마시기 시작하였는가? 이 질문에 대해서는 아직도 이론(異論)이 분분(紛紛)하다. 이러한 까닭으로 김명배(金明培)선생은 자신의 저서인《중국의 다도(茶道)》첫 장, 첫 문장에서 "결론적으로 말하자면 중국에서 차를 마시기 시작한 기원(飮茶의 起源)은 알 수가 없다."04)라고 견해를 밝히는 한편, 문헌적 고증을 통해 그 기원을 추적하고자 굉장히 애쓰고 있는 흔적을 볼 수가 있다.

　　그 기원이야 정확히 알 수 없을지라도 문헌적 고증을 통해 가능한 사실적으로 근접한 음차기원의 시기를 유추해 볼 수는 있으리라는 생각으로, 각종 문헌상에 나타나는 음차기록에 대해 간략히 살펴보기로 하겠다.

　　신농씨의《식경(食經)》에는 "차를 오래 마고 마음이 즐거워진다.05) 송나라 왕관국(王觀國)의《학림(學林)》에는 "주례(周禮)에 '장도(掌茶)'는 차를 모아서 상례에 제공하는 일을 맡아 본다."06)《중국풍속사(中國風俗史)》에서는 "주(周)나라 초에서 중엽에 이르기까지 음물(飮物)로는 술(酒), 단술(醴), 미음(漿), 갱즙(湆) 등이 있으며, 이외에도 각종 음료가 있는데 그중에서 차가 으뜸이다."07) 청(淸)나라 고염무의《일지록(日知錄)》에는 "진(秦)나라 사람들은 촉(蜀)을 얻은 뒤에 비로소 차를 마시는 일이 있었다."08) 송나라 구양수(歐陽修)의《잡록(雜錄)》에는 "차는 전대(前代)의 역사에 보이는데, 대저 위나라와 진나라 때부터 있었다." 송나라《다술(茶述)》에서 배문(裴文)은 "차는 동진(東晋)에서 비롯되어 본조(송나라)에 성행되었다."09) 이외에도 무수히 많은 크고 작은 문헌상에서 음차에 대한 기록들이 많이 보인다. 어떤 것은 신빙성이 없기도 하지만, 또 어떤 것은 사실을 토대로 꾸며지기도 했고, 또 어떤 것은 대단히 믿을 만한 것으로 보인다.

대략 서한(西漢: BC206년~AD25년)시대, 장강(長江/楊子江) 상류의 파촉(巴蜀)지구에는 이미 음차 기록이 있는데 바로 왕포(王褒)의 《동약(童約)》이다. 이는 일종의 노비문서로써 노비가 해야 할 일들을 조목조목 기록해 놓은 것인데, 그 내용 중 집에서 "차를 다리고 다기를 씻어서 정리해 두는 일과 무양(武陽)까지 가서 차를 사오는 일"(烹茶盡具, 武陽買茶)10) 등이 포함되어 있다. 삼국시대(三國時代: AD220년~280년)에도 장강 하류 오(嗚)나라에서 음차 기록이 있다. "오나라 군주 손호(孫晧)는 주연(酒宴)할 때마다 연회에 참가한 신하들에게 최소 술 7되를 마시게 하였는데, 유독 위요(韋曜)라는 자만은 술 2되도 제대로 마시지 못했다. 손호는 특별히 그를 우대하여 술 대신 몰래 차(茶)를 주었다."11)라는 기록을 볼 때 삼국시대 남방에서는 차를 음식이 아닌 일반 음료로 마셨음을 확실히 추정해 낼 수 있고, 그보다 훨씬 앞선 서한시대부터 차가 보편적인 음료로서의 위치에 있음을 알 수 있겠다. 물론 그것을 마시던 계층이 왕공귀족에만 제한적으로 전파된 것인지 혹은 평민과 천민에 이르기까지 널리 보급된 음료였는지에 관해서는 아직 더 연구해야 할 숙제로 남아 있다.

3. "茶之爲飮, 發乎神農氏"《茶經》〈六之飮〉.
4. 김명배 역저《中國의 茶道》21쪽. (서울, 明文堂)
5. 唐 · 陸羽《茶經》卷下〈七之事〉중에 "神農食經, 茶茗久服, 令人有力悅志"라고 기록
6. "烹茶盡具, 武陽買茶". 淸 · 顧炎武《日知錄》拳七〈茶〉條, (岳麓書社)° / 김명배《中國의 茶道》21쪽 참조. 그 당시에는 "차(茶)"자가 생기기 전이기 때문에, 씀바귀 '도(荼)'자를 '차(茶)'자의 대용으로 사용하였다. 차자의 정착은 당대 때부터이다
7. 程啓坤 外 3人 共著《飮茶的科學》(上海科學出版社) 5쪽, 재인용°
8. 淸 · 顧炎武《日知錄》拳七〈茶〉條, "知自秦人取蜀而后始有茗飮之事°"
9. 金明培 譯著《中國의 茶道》(明文堂) 21쪽~22쪽 참조°
10. 淸 · 顧炎武《日知錄》拳七〈茶〉條. 武陽: 현재 중국 사천성(四川省) 팽산현(彭山縣)으로 중국 도교(道敎)의 시조인 팽조(彭祖)의 분묘가 있다. 1999년 필자가 답사했을 때, 그곳엔 차의 집산지였던 강구고진(江口古鎭)을 따라 차를 팔던 점포들이 즐비하게 늘어서서 노변촌(路邊村)을 이루었음을 짐작케 하는 흔적과 차의 유통을 관리했던 사찰 유적지가 일부 남아 기록과 함께 전해지고 있었다.
11. 《二十五史 · 三國志》〈吳志 卷二十 · 韋曜傳〉(上海人民出版社)

이상의 여러 가지 문헌에서 우리는 다음과 같은 사항을 정리해 볼 수 있다.

첫째, 차나무의 기원이나 차를 마신 기원에 대한 기록들이 대부분 시대가 빠를수록 모두 중국 서남부에 집중되어 있다는 것이다. 둘째, 시대가 현재와 가까워질수록 그 기록은 모두 서남쪽에서부터 동쪽으로까지 확대하여 분포해가고 있다는 것이다. 셋째, 서남쪽에서 동쪽으로까지 널리 확대되어가던 기록들을 좀 더 자세히 살펴보면 중국 북쪽 지방의 음차에 대한 기록들은 잘 보이지 않는다는 것이다.

일반적인 역사적 개념과 통념적인 관점으로 중국차를 살펴볼 때 서한(西漢)시대로부터 당대(唐代) 중엽의 시기는 차음(茶飮)의 '상시(嘗試) 단계'를 거쳐 '긍정(肯定) 단계'로 진입하는 '추진(推進)의 시기'였다.[12] 이 분기점은 바로 세계 최초로 차의 전서(專書)인 육우의 《다경(茶經)》이 쓰인 시기이다. 아울러 차나무 생장(生長)의 자연환경과 차풍(茶風)의 전개는 불가분의 밀접한 관계임을 감안해 볼 때, 지금의 중국 사천(四川)에서부터 강소(江蘇)·절강(浙江)에 이르는, 장강(長江) 유역을 연(沿)하는 지역과 아울러 사천(四川)에서 한중(漢中) 지구에 이르는 지역이 모두 중국의 식차(植茶)와 차풍(茶風)의 시원(始原)일 가능성이 매우 크다.

이 시기의 차는 여전히 왕공귀족(王公貴族)들만의 소일거리였지, 민간에서 생활음료로 마

시는 것은 극히 드문 단계였다. 동진(東晉: AD317년~420년)에 이르러 차는 남방에서부터 점차 일상생활품으로 자리 잡게 되었으며, 문헌 중에도 차(茶)와 관련 있는 기사(記事)가 상대적으로 현저하게 증대하게 되었다.

그러나 이러한 음차습관은 단지 부분적으로 남방인들에게만 있었을 뿐이다. 북방인들은 이러한 음차습관이 없었을 뿐만 아니라, 늘 차(茶)를 마시는 남방인들을 비웃기까지 하였다. 북조(北朝: AD386년~581년) 때는 고관대작들의 연회석상에서 간혹 차를 마시는 일이 있기도 했지만, 북방인들은 자기본위주의의 관념이 매우 강해, 이를 모두 수치로 여겨 마시지 않았다. 단지 멀리 장강 이남 지역에서 북조(北朝)로 투항해 온 남방인들만이 차를 즐겨 마시는 오랜 생활습관을 고치지 못하고 여전히 차(茶)를 좋아하였다.

수(隋)나라가 남북조(南北朝)를 통일하고, 이어서 중국문화의 최고 전성기를 맞이한 당나라가 출현하자, 그동안 중국대륙에서 둘로 갈라져 발전하였던 남북의 문화는 다시 한바탕 대혼란기를 맞이하게 된다. 이로 인해 남북지역의 생활습성은 서로 영향을 미치게 되고, 남방 한족(漢族)들의 '음차풍기(飲茶風氣)'로 인해 오로지 기름진 버터와 치즈만을 즐겨 먹던 북방 호인(胡人)들도 점차 차(茶)를 기호하는 습관에 물들었다.

호북(胡北)의 한족 및 북방에 남아 있는 남방인과 같은 종족인 한족의 경우는 더욱 쉽게 그 영향을 받게 되었고, 이후로는 그야말로 원근동속(遠近同俗)의 국면이 자연스럽게 형성되었다. 더욱이 차를 기호하는 자가 많아짐에 따라 '음차풍기' 또한 점점 더 확산 전개되었으며, 마침내 대중화된 음료로 발전하게 된 차는 당시의 사회·경제·문화에까지 매우 커다란 영향을 미치게 되었다.

12.　吳智和《中國茶藝》(正中書局) 6~8쪽 참고.

중국음차발전의 시대별 변천과정 13)

시기의 구분	변 천 내 용
몽매시기(矇眛時期)	선진(先秦)이전, 주로 제사품(祭祀品)이나 채식(菜食:요리,음식)으로 사용
맹아시기(萌芽時期)	진(秦)에서 동한(東漢)까지, 요리(料理)에서 음료(飮料)로 발전
상시시기(嘗試時期)	삼국(三國:魏·蜀·吳)에서 남북조(南北朝)까지, 궁정(宮廷)의 고귀한 음료로 사용
긍정시기(肯定時期)	수(隋)에서 초당(初唐)까지, 점차 보통 음료(普通飮料)로 사용하기 시작
개전시기(開展時期)	중당(中唐)에서 명초(明初)까지, 음차(飮茶)·제다법(製茶法)의 건립
발황시기(發皇時期)	중명(中明)에서 청말(淸末)까지, 음차(飮茶)와 생활이 서로 밀접한 불가분(不可分)의 관계를 형성함.
부흥시기(復興時期)	민국(民國)이래 지금까지, 음차문화(飮茶文化)의 재출발과 도약의 시기로 접어 듦.

※ 자료출처: 吳智和《中國茶藝》(臺北, 正中書局

    삼국시대와 양진(兩晋)시대에 이르자, 차(茶)의 생산은 더 이상 파촉(巴蜀)13) 과 형초(荊楚) 형초(荊楚)는 고대 호북(湖北) 일대를 지칭하는 말이다.에만 국한되지 않았다. 차(茶)의 발상지인 사천성 성도(成都)의 금강(錦江: 일명 府河)과 민강(岷江)을 이어 중경(重慶)의 장강(長江)을 따라 동쪽 연해안 지역에까지 전파되면서 차의 음용(飮用)과 생산은 급기야 강남(江南)과 절강(浙江) 연해(沿海)의 동부지역까지 점점 보급, 확산되기에 이르렀다.

    동진(東晉: AD317년~420년) 시기에 이르자 왕상귀족(王相貴族)들만의 전유물이었던 차는 어느덧 건강(建康)과 삼오(三鳴)14) 지역에서는 손님을 접대하는 보편적인 민간의 음료로 자리매김하기 시작하였다.

    남북조(南北朝: AD420년~589년)에 이르러 차의 생산규모와 음차습속은 비교적 더 활발한 모습을 띠게 되었다. 특히 남조(南朝)는 각종 문화 사조(思潮)가 서로 충돌하며 융합되던 혼란의 시기였다. 서진(西晋)말의 사회혼란으로 인해 매우 많은 북방의 명문대가들이 대거 남방으로

13. 촌안(村顔) 박영환『중국의 차문화』47쪽 참조 (서울, 문헌출판사. 2017년 8월 30일 재판)
14. 파촉(巴蜀): 파(巴)는 현재의 중경(重慶)시, 촉(蜀)은 사천성 성도(成都)를 이르는 말이다. 즉, 중경과 성도의 합칭이다.
15. 형초(荊楚)는 고대 호북(湖北) 일대를 지칭하는 말이다.
16. 건강(建康)은 지금의 남경(南京). 삼오(三吳)는 지금의 진강(鎭江), 소주(蘇州), 호주(湖州) 일대이다.

이농하게 되었다. 강남은 북방과는 달리 대체로 생활이 윤택하고 여유로웠으며 문화를 중시하여, 이 시기는 중국의 가종 문화를 대대적 발전하게 만드는 원동력이 되었다.

　음차의 보편성은 '일반인들까지 차를 마시다는' 그 자체가 백성들 사이에서 생계를 꾸려가는 서비스수단으로 변모할 수 있다는 가능성을 실현하게 하였다. 즉, 차(茶)가 과거의 귀족들만의 전유물에서 벗어나 민중들의 일상생활 속으로 보급 및 확산되다 보니, 일반 백성들의 일상생활과 경제활동 속에서 이익을 추구하고 연계하는 영업적 매개체로 발전할 수 있다는 것을 발견한 것이다.

……다음호에 계속

「栢山唐」의 香道具 감상②
葡萄花鳥紋 銀製香囊

 구낭(球囊)의 외피는 은장(銀裝)이지만 속살의 향우(香盂)는 박사처럼 얇은 금동초롱이다. 중국에서 처음 설계되어 사용했던 이 지구(地球) 모양의 향낭은 훗날 가톨릭 성당에서 대축일 미사 때 비슷하게 응용하여 사용[01]했을 뿐 설계 공정이 까다로워 동양권 어느 나라에서도 감히 만들 엄두를 내지 못했다.

 이것은 1970년 섬서성 서안 하가촌(陝西省 西安 何家村) 당대(唐代) 교장(窖藏)에서 출토된 것으로, 고정의 초두와는 또 다른 방향(芳香)의 기능을 극대화시킨 걸작이다. 설계, 구성의 지혜와 예술적 디자인이 절묘하여 구낭이 어떻게 회전해도 향료가 밖으로 흘러나오는 법이 없다. 기환(機環)과 금우(金盂)의 중력이 작용하여 향우는 시종 중심이 아래로 향하기 때문에 내부의 향료가 밖으로 흘러나오지 않는 것이다. 또한 북방 황하 유역의 사질토(砂質土) 석실묘장 유물은 이미 1000여 년이란 시간이 지났어도 훼손의 상흔이 조금도 없이 여전히 정교하고 아름답다. 이 향낭의 독특하고 영활(靈活)한 디자인의 과학성과 교묘함은 현대를 살아가는 오늘날의 우리가 보아도 그저 놀라울 따름이다.

---

1. 향로에 숯을 넣고 그 위에 향을 얹어서 향연이 하늘을 향해 피어오르도록 함으로써, 하느님께 올리는 찬양과 기도를 시각적으로 드러내는 의식

『栢山唐』的香道具欣赏

葡萄花鸟纹银质香囊

球囊的外壁是银质,内部香盂是非常薄的金铜盂。在中国首次设计使用的此地球形香囊,此后仅仅在天主教圣堂进行宗教仪式弥撒时才被使用,因为设计难度大,东方的任何一个国家从未敢尝试制作。

此物出土于1970年陕西省西安何家村的唐代窖藏,结构和艺术设计非常绝妙。无论球囊怎么转动,香料不会洒出。由于在机环和金盂重力的作用下,香盂总能保持平衡,内部的香料不会往外部洒落。北方黄河流域的砂质土石室墓场遗物,尽管经过了千年岁月洗礼,丝毫没有受损,依然精巧美丽。此香囊独设计的科学性与巧妙性,令活在现代的我们亦是叹为观止。

특/집

침향특별전

: 박홍관_본지 발행인

    2018년 6월 15일부터 7월 1일까지 이루향서원(원장 정진단, 서울 안국동)에서 침향특별전이 열렸다. 전시장에 들어서면 고가의 진귀한 물건인 침향과 백기남이 우선 눈에 띈다. 왼쪽부터 백기남을 시작으로 캄보디아 침향, 혜안 침향, 침향 작품인 관세음보살, 기남 염주 등이 관람객의 눈을 끌었다.

    15일 1시에는 매우 아름답고 격조 있는 마키에(maki-e, 蒔絵) 합에 보관된 전시품을 소장자의 설명과 함께 감상하는 시간을 가졌다. 소장자인 손량 선생은 명향 21종이 들어 있는 서랍을 하나하나 열어 보이며, 상세한 기록이 담긴 종이에 곱게 싸인 침향을 일일이 보여주었다. 그리고 또 하나의 전시품으로 일본에서 최고 명향으로 불리는 동대사(東大寺) 정창원(正倉院)에 보관된 란사대(蘭奢待)의 조각으로 판정받은 란사대를 함께 감상하는 시간을 가졌다. 역사적 가치로 보면 대단한 명향이고, 실제 일본에서는 유리관에 들어 있어 가까이 하기도 어려운 향인데, 여기서는 너무 쉽게 볼 수 있어 관람객들이 미처 실감을 하지 못하는 것 같았다. 이 모든 과정은 수준 높은 통역으로 상세하게 설명을 곁들여 들을 수 있었다.

    침향이나 기남을 수집하는 사람들은 늘 가짜에 속고, 등급에 속는 거래 속에서 안심하게 구입하는 방법을 알고 싶

어 한다. 이 부분은 침향 거래에서 무척 예민한 문제이기도 하다. 때문에 이루향서원에서는 침향특별전 기간 중, 침향과 기남 감별사이자 중국향도협회 회장인 왕강王康 선생과 함께 침향과 기남 실물을 품향하고, 먹어 보고, 현미경으로 확인하며 어떻게 구별해야 하는지 배우는 시간을 마련했다. 품향은 향도香道를 직접 체험할 수 있는 자리인데, 침향과 기남을 구별하고 확인하는 자리였기 때문에 자연스럽게 최고 수준의 향을 품향하게 되었다. 국내에서 보기 드문 침향과 기남을 접할 수 있는 특별 전시 및 품향과 기남을 감별하는 프로그램을 마련한 이루향서원에게 지면을 빌어 감사한 마음을 전한다.

모든 기물이 그러하듯 최고의 위치를 지닌다는 것은 보통 어려운 일이 아니다. 특히 어디에 있다는 것은 알아도 그것을 보거나 만질 수 있는 기회는 거의 없다고 봐야 한다. 그 중에서도 향의 세계와 그 종류, 그 중에서도 귀품(貴品), 명품(名品), 신품(神品)의 존재들은 사진만으로도 감사할 지경인데, 이번 전시를 통해 볼 수 있었던 기남, 그리고 분리된 란사대의 목격은 실로 '사건'이라 할 만하다.

'이렇게 쉽게 만나도 되는가.' 하는 소감이 바로 그에 대한 변론이라 생각한다.

다시 한번 이 지면을 빌어 귀한 물목을 보게 해주신 관계자 여러분께 감사의 마음을 전한다.

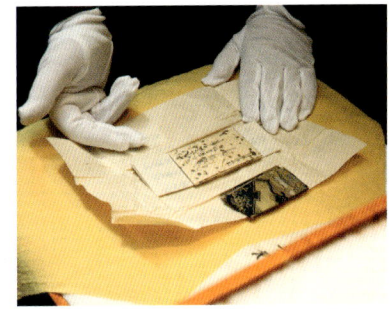

품향회

 침향특별전 사흘째 되는 날인 17일 오후 1시, 소장가인 손량孫亮 선생의 전시품 설명을 마친 뒤 참석자 가운데 사전 예약한 10명은 향실로 자리를 옮겼다. 손량 선생은 180년 간 보관된 명향 21종이 들어 있는 마키에 소형 향장을 들고 향실로 들어섰다. 그러고는 향실에서 서랍을 열어 종이에 싸여 있는 향을 꺼내고 그 종이에 기록된 글을 보여 주었다.

 손량 선생은 이 향을 구매한 이후 공개적인 자리에서 향을 잘라 격화훈향법으로 품향하는 일은 처음이라고 하니, 보존 자체가 보배스러운 것은 물론이요, 이 향을 자르는 일조차 시도하지 않았던 바, 의미 있는 자리에서 시연하므로 본 품향회가 너무나 멋진 호사를 누리는 것은 아닐까 싶었다.

이루향서원 정진단 원장은 숯에 불을 피우고 재를 다듬는 과정을 정성으로 다루면서, 은편을 탐화창 위에 올리고 향을 담아 온도를 확인한다. 먼저 손량 선생에게 향로를 전하자, 손량 선생은 향로를 양손으로 높이 들어 예를 다하고, 코 가까이 옮겨서 향을 맡고 옆 사람에게 전하였다. 그렇게 한 분 한 분 먼저 품향하신 분들의 모습을 보면서 향로를 돌려가며 향을 맡았고, 필자는 6번째 자리에서 받았다.

왼손으로 받아 평소와 같은 방식으로 향로를 가까이 당겨서 향을 맞는데 향은 강하게 다가오기보다는 은은하게 올라왔으며. 오랜 세월 보관된 향이라고 해서인지 초향, 본향, 미향을 단계별로 3차례 돌아온 뒤 미향의 기운이 변하는 것을 맡게 되었다. 지나온 세월, 옛 사람들이 사용한 향을 맡으며 그 시절의 감흥을 기록한 것을 보자니, 필자의 작은 생각이니마 꼭 기록으로 남기고 싶은 마음이 들었다. 이는 품향의 경험을 그냥 흘려보내지 못하는 강한 충동과 아마 비슷할 것이다.

좋은 차를 마실 때, 멋진 그림을 볼 때, 사람들이 많이 모인 그 풍경을 볼 때, 아름다운 향을 맡을 때, 붓을 들어 글을 쓰는 것이 그냥 정해진 격식이나 호사가 아니라 진정 우러나는 마음이었구나 싶은 생각에, 절로 무릎을 탁!

차와 향에 취한 날

: 박홍관_본지 발행인

 2018년 6월 18일, 이루향서원(서울 안국동)에서 보이차 차회가 열렸다. '침향특별전' 전시 기간 중, 중국향도협회 왕강 회장과 함께 침향과 기남을 감별하는 시간이 있었는데 교보증권 임원진이 예약한 날이었다. 교보증권 임원들은 전국에서 알아주는 보이차 마니아로, 모일 때마다 개인적으로 차를 준비해 온다. 모이면 늘 차부터 마시는 것이 순서라, 이날도 각자 가지고 온 차를 하나하나 설명하며 어떤 차를 처음 마실까 정한다.

이날 찻자리는 이루향서원 정진단 원장이 차를 우렸다.

오프닝 차는 '8582'가 선정되었고, 그 차를 가져온 분의 설명을 들은 뒤 차를 마셨다. 이 차에 대한 첫 마디는 "역시 8582"다. 그게 정답인 차를 마셨다. 차를 우리는 호는 주니호를 사용하고, 차는 무게를 달지 않고 풍족하게 넣었는데, 8582를 마실 때마다 늘 비교해보지만 역시 좋은 차임을 알 수 있었다.

두 번째는 '대엽청병', 세 번째는 '73청병'이었는데, 이날 참석한 분들이 대부분 인정한 것으로 73청병이 지니고 있는 단맛이 일품이었다. 네 번째는 '대람인'이다. 지난번 차회 때도 마셨던 대람인은 순하지만 기운이 강함이 느껴지는데, 앞에 마신 73청병과는 결이 다르므로 같이 비교할 수 있는 것은 아니다.

차를 마시면서 좋은 차를 가지고 온 분께 기념으로 사진을 촬영해 드렸는데, 차에 취해 웃는 모습이 매우 밝고 건강해 보였다. 각각의 차들이 지닌 특징을 고스란히 몸과 혀로 느끼면서 즐거운 시간을 보냈다.

왕강 회장은 '이렇게 귀한 차를 쉽게 마실 수 있겠습니까.' 하며, 차인들이 좋은 자리에서 자신이 내고 싶은 차를 더 내듯 자신도 좋은 차를 마신 것에 대한 인사로 침향과 기남 감별 시간에 좋은 향을 내겠다고 말한 뒤 10분간의 휴식을 취하였다.

이때 필자도 몸이 차에 취했음을 느꼈다.

여러 가지 침향과 기남 감별 시간에는, 맨 먼저 자신이 가지고 있는 침향을 향칼로 잘라 전기향로 위에 올려두고 향기를 맡았다. 그리고 현미경을 통해 갖가지 침향과 기남의 실체적인

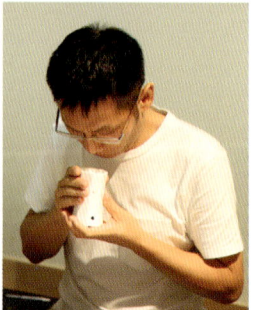

진실을 보았다. 사실 좋은 보이차를 너무 쉽게 마신다는 말도 있었지만, 이런 귀한 향을 분별해서 보고 전문가의 손을 빌려 품향해 보는 것도 귀한 찻자리 이상으로 경험키 어려운 것이다. 현미경으로 단향목과 기남을 들여다보며 왜 서로 다른 결과를 보이는지 확인했던 멋진 수업시간이었다.

차와 향에 취한 최고의 시간

 '최고의 자리'라는 것은 주제가 최고라고 인정받을 수 있는 것은 아니다.
 주제가 되는 최고들 사이에 그에 버금갈 수 있을 정도로 노력하고 열심히 탐구해 온 자격 있는 사람들과 함께 하는 자리. 흠뻑 기뻐하며 누릴 수 있는 사람들의 시간과 자리라고 생각한다.

한국의 10대 사찰약수 寺刹藥水

: 이병인 교수(부산대 바이오환경에너지학과)

5. 한국의 10대 사찰약(寺刹名水)

지난 20여 년간 우리나라의 주요 공원지역의 사찰 수백여 곳을 직접 답사하면서 알게 된 사실은 우리 사찰은 참 좋은 자랑할 만한 것들을 많이 가지고 있다는 사실이다. 산 좋고 물 좋은 곳에 터를 잡고, 역사와 문화, 그리고, 아름다운 자연유산을 간직한, 정말 우리의 후손들에게 떳떳하게 물려줄 만한 유산자원들을 간직한 복합유산(複合遺産)지역이다. 하나만 가져도 자랑스러운 일인데 종교적 성지로서의 사찰은 불교전래 1700년 동안 우리의 전통(傳統)과 문화(文化), 그리고, 자연(自然)을 지키고 유지하여 왔다.

그중의 하나가 산중의 사찰안에 있는 약수터와 샘물이다. 요즘에도 터를 잡으려면 물이 있냐 없냐가 중요한 조건이 되는 것처럼, 예전에도 산중이건 도심이건 물이 좋은 곳이 터가 좋은 곳이기도 했다. 그러기에 '명산(名山)에 명수(名水)가 있다'고 좋은 샘물이 있거나 물길이 있는 곳에 집이 생기고, 마을이 생겨났다. 산중의 절도 그러하다. 좋은 암자엔 좋은 샘물이 있다. 길면 천년이상 동안 절을 찾는 사람들에게 감로수(甘露水)로서 좋은 약수(藥水)를 무상으로 보시해 왔다.

지난달 살펴본 '한국사찰 4대 명수'는 큰 산과 큰 절을 끼고 있는 ① 영축산 통도사의 사찰명수, ② 속리산 법주사의 사찰명수, ③ 오대산 월정사의 사찰명수 ④ 두륜산 대흥사에 대해 소개하였다. 이번에는 큰 절이 아니라, 우리나라의 대표적인 사찰약수 10여 곳을 중심으로 '한국의 10대 사찰명수'라 하여 12개 사찰약수에 대해 소개할까 한다.

역사적으로 살펴보면, 여러 사찰약수들이 전해지고 있지만, 오늘날에도 사용하고 있고, 수질과 수량면, 그리고, 관리상황 등 기타 환경조건 등을 고려하여 활용도가 높은 사찰의 약수들을 중심으로 선정하였다.

1 속리산 복천암 복천

① 속리산 복천암 감로수는 세조대왕과 관련있는 약수로 화강암 암반에서 나오는 석간수로서 오늘날에도 법당 감로수로 사용하고, 남은 물은 월류하여 생활용수로 사용하고 있다. 암반에서 흘러나오는 물을 무쇠뚜껑으로 덮어서 관리도 잘되고 있다. 물맛 또한 화강암반에서 나오는 물이기에 맑고 달다.

약천사 약천수

② 약천사 약천수는 제주도 서귀포시의 바닷가에 약수가 솟는 샘물이라는 이름처럼 예전에 동네 가축들이 아프면 와서 먹고 가는 물이었다고 하여 절 이름을 약천사(藥泉寺)라 지었다고 한다. 제주도 샘물이 그렇듯이 현무암층을 통과한 순수상태의 물로서 지금은 사찰내에 여러 수곽을 설치하여 많은 사람들이 이용할 수 있도록 하고 있다.

옥천사 옥천

③ 옥천사 옥천약수는 절 이름 자체가 옥같은 샘이라는 옥천(玉泉)이라고 하였듯이 연화산에서 내려오는 산물로서 돌로 수각을 잘 만들고, 비각을 세워 잘 관리되고 있다.

④ 고성 건봉사 장군수는 금강산자락에서 나오는 산물로서 물량도 풍부하고 물맛도 그 이름처럼 시원하고, 활수하다. 원래 장군수는 임진왜란때 승병장이시던 사명대사와 관련이 있다. 사명대사가 주석하시던 곳에는 장군수라는 이름이 여러 군데 있다.

건봉사 장군수

⑤ 영축산 비로암 산정약수(山精藥水)는 이름 그대로 영축산의 정기가 서린 산중에서 나오는 산물로서 용머리의 수각에서 나오는 물이 청정하고 맑다. 최근에 수각을 따로 정비하여 잘 관리되고 있고, 물맛도 좋다.

통도사비로암 산정약수

자재암 약수

⑥ 자재암 원효샘은 큰 바위로 이루어진 석굴속에서 나오는 석간수로서 석영질의 암반층이 많아서인지 물이 맑고 시원하다.

백양사 약사암 약수

⑦ 백양사 약사암 약수는 백양사 산내암자인 약사암의 굴바위(영천굴)에서 나오는 약수이다. 백양사 큰절에서 30-40분정도 산행한 후 한잔마시면 정말 건강해질 것 같다.

⑧ 고란사 고란정 약수는 부여 낙화암의 전설이 있는 고란사의 고란초가 자생하는 절벽바위에서 나오는 석간수로서 약수를 마시고 어린아이가 되었다는 할아버지의 전설이 전해오고 있다. 전설처럼 매일 마시면 하루씩 젊어 질 것 같다.

고란사 고란정

⑨ 보림사 보림약수는 늘 일정한 수량을 유지하는 약수로서 한국자연보호협회가 한국의 명수(名水)로 지정하였으며, 우리나라에서 열 손가락 안에 드는 좋은 물로 지정되기도 한 샘물이다. 비자나무숲에서 내려오는 물이 맑고 시원하다.

보림사 보림약수

⑩ 백련사 선방약수는 다산선생과 혜장선사의 아름다운 만남이 있고, 수백 년된 동백림이 어우러진 산중에서 나오는 맑은 물이다. 산중의 맑은 물로 차를 우려마신다면, 다산선생과 아암 혜장선사의 아름다운 다연(茶緣)이 동백꽃처럼 다시 피어날 것 같다.

백련사선방약수

⑪ 우곡사 약수는 구산선문의 하나인 무염국사가 창건한 사찰로서 약수도 무염국사가 발견하였고 연중 마르지 않고 피부병에 효험이 있다고 전해진다. 청석암반위에서 나오는 물이 연중 시원하고 맑다.

우곡사 약수

⑫ 천곡사 소천수는 포항 천곡사의 샘물로서 신라시대 선덕여왕의 피부병을 치유했다고 하는 이야기가 전해져 온다.

우리나라 10대 사찰약수의 수질특성을 살펴보면, 다음 표에 나타났듯이 pH는 6.6에서 8.0정도로서 대부분은 중성전후인 7전후인 것으로 나타나고 있고, 수중에 녹아있는 용존산소의 양도 풍부하고, 유기물오염이 없으며, 경도물질도 비교적 적은 단물인 것으로 나타나고 있다. 물맛평가도 대부분 맛있고 건강한 물로 나타나고 있다.

천곡사 소천수

약수명	pH	DO (mg/L)	과망간산칼륨 소비량(mg/L)	경도 (mg/L)	TDS (mg/L)	물맛평가	
						O-index	K-index
먹는 물 수질 기준	4.5-9.5	-	10.0	300.0	-	2.0	5.2
① 속리산 복천암(福泉庵) 감로수	6.9	9.0	0.0	46.0	116.3	66.4	17.3
② 약천사(藥泉寺) 약천수	7.6	8.1	0.5	48.0	69.0	5.3	6.6
③ 옥천사(玉泉寺) 옥천수	7.0	7.8	0.3	26.0	34.0	19.6	6.0
④ 건봉사 장군수(將軍水)	7.0	10.8	0.9	17.0	43.3	14.7	2.5
⑤ 영축산 비로암 산정약수(山精藥水)	7.1	8.5	1.2	21.0	42.3	28.4	4.3
⑥ 자재암 원효샘	7.2	7.8	0.7	25.0	26.9	3.3	7.4
⑦ 백양사 약사암(藥師庵) 영천굴샘	8.4	9.9	0.9	45.8	150.1	5.3	14.9
⑧ 고란사 고란정(皐蘭井) 약수	7.7	10.4	5.0	44.0	137.2	3.3	13.0
⑨ 보림사(寶林寺) 보림약수	6.8	8.5	0.9	9.21	15.7	16.6	1.1
⑩ 백련사 선방약수	6.6	6.8	0.9	2.44	17.6	7.9	2.6
⑪ 우곡사(牛谷寺) 약수	8.0	10.8	0.8	0.07	121.0	7.3	11.2
⑫ 천곡사(泉谷寺) 소천수	7.4	7.9	1.8	9.0	256.2	1.5	16.5
전체범위 (전체평균)	6.6 -8.4	6.8 -10.8	0.0 -5.0	9.2 -79.0	15.7 -256.2	1.5 -66.4	1.1 -17.3

한국 10대 사찰약수의 주요 수질특성

    이와 같이 사찰이 정말 아름답고 소중한 건 지금에도 가보면 무언가 사람들을 끌어들이는 것들이 많이 남아있다는 점이다. 사찰약수도 소중한 자원이고, 기본적인 특징은 오염되지 않은 수원과 지속적인 관리, 그리고, 연중 마르지 않는다는 사실이고, 더욱 오늘날에도 많은 사람들이 즐기고 좋아한다는 사실이다. 차를 즐기는 차인이라면, 이따금 한 달에 한번씩 돌아가며 약수기행을 찾아가 보는 것도 의미가 있을 것 같다. 물론 이번에 소개한 10대 약수 외에도 많은 좋은 사찰약수들이 생수보다 좋은 수질과 입지조건, 그리고, 관련 이야기들이 있으므로, 주위의 약수들을 잘 활용하는 방안도 적극 활용할 필요성이 있다고 판단된다.

* **이병인(李炳仁)교수 약력**: 한재 이목선생 16세손, 한재기념사업회 이사, 부산대 바이오환경에너지학과 교수 / 공학박사, 제6대 부산대학교 생명자원과학대학 학장, 대한불교조계종 환경위원회 부위원장, 부산시/울산시/경상남도 등 환경분야 기술자문위원 등 40여 환경/문화 관련 자문위원

경위복차

: 차상호 대표인터뷰
: 글·사진 박홍관

신비적익생균

　2017년과 2018년 두 번에 걸쳐 국제차문화대전(서울 코엑스)에서 만난 바 있는 복전차 전문점 차상호 대표를 가인갤러리(대구, 대표: 차상호)에서 만났다.

　사실 흑차에 관심 있는 사람은 많지만 그 정체를 잘 모르는 경우가 많다. 먼저 복전에는 두 가지 부류가 있음을 알아야 한다. 먼저, 오래된 복전의 깊은 맛을 아는 사람은 복전 차에 대한 이해도가 높다. 반면, 최근 차에서의 복전은 그렇게 좋은 차라고 생각하는 부류가 많지 않다. 이러한 분위기가 팽배한 가운데 필자가 복전차를 들고 차상호 대표를 만나러 간 이유가 있었다. 바로 우리나라에서 성행 중인 보이차 전문점이 아닌, 사천성 복전을 전문으로 하는 가게를 오픈한 이유가 궁금했기 때문이다.

다음은 복전차에 대해 차상호 대표와 나눈 일문일답 내용이다.

1. 차상호 대표는 많은 차 종류 중 왜 '복전'을 수입해 공급하게 되었습니까?

본인도 20여 년 간 보이차를 즐겨온 다인으로서, 누구나 편안하게 차를 즐길 수 있는 찻자리를 가짐에 있어 부담스럽지 않고 행복한 다담을 나눌 수 있기를 바라는 마음으로 수입을 하게 되었습니다.

2. 경위복차가 복전차 제조 공장 가운데 가장 규모가 큰 것으로 알고 있지만, 이 회사 제품을 선택한 또 다른 이유가 있습니까?

섬서성 시안이 명나라 초기 관차로서 수출을 했다는 기록이 남아 있는 곳으로, 중·소엽종 찻잎으로 다양한 복전차를 만들고 있습니다. 특히 맑고 향기로운 복전차로 알려져 있어 생활 속에서 즐겨 음용하기 좋은 차입니다.

3. 경위복차의 회사 연혁에서 다른 기업과 다른 점이 있다면 무엇인가요?

경위복차는 전통적인 복전차를 복원하여 현대화된 공정으로 발전시켜 중국 '국가과학기술진보상'을 받았습니다. 차맛의 표준화를 이루는 동시에 복전차 맛의 다양화를 위해 많은 과학자와 연구진들이 끊임없이 연구 개발하며 매년 새로운 차를 선보이고 있으며, 각종 차 품평회에서 좋은 성과를 내며 수상하고 있습니다.

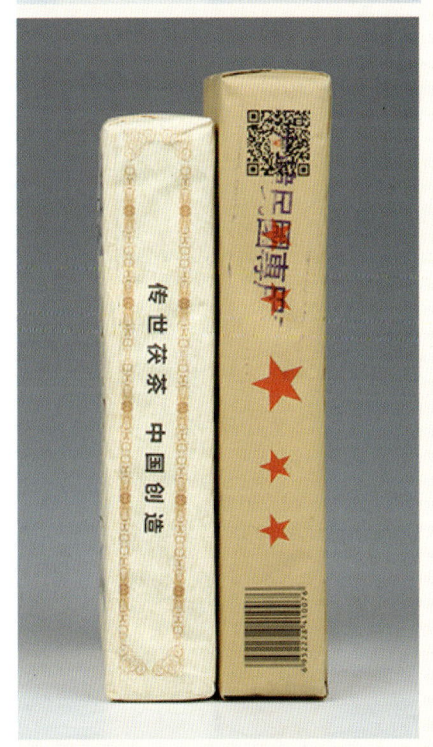

4. 국제차문화대전에 두 차례 참가하시면서, 경위복차가 많은 소비자를 만났다고 들었습니다. 올해 참가하신 소감을 알려주십시오.

건강에 관심이 있는 많은 분들이 과학적으로 검증된 차를 편안한 가격으로 만나 즐기고 싶어 하셨습니다. 방문해 주신 분들이 응원을 많이 해 주셔서 행복했습니다.

5. 중국차를 즐기는 분 가운데 아직 복전을 만나지 못한 분께 추천한다면, 복전의 어떠한 장점을 알려 주시겠습니까?

흑차 중에 복전차는 맑고 향기가 있고 우리 몸을 따뜻하게 해 건강에 많은 도움을 줍니다. 보이차도 흑차 안의 범주에 있어, 보이차의 효능이라는 '몸을 따뜻하게 하는 기능'은 흑차의 대표적인 특징이기도 합니다. 가족, 친우 분들과 함께 즐거운 시간을 보내는 데 도움을 주는 경위복차를 만나 보시길 바랍니다.

6. 경위복차를 국내 대리점이나 취급점 같은 방식으로 확대해 나갈 생각은 없으신지요?

박람회 등을 통해 후(後)발효차 중 복전차가 소비자를 직접 만나도록 하면서 차차 보급해, 따뜻한 마음을 가지 신 분들과 인연을 맺을 생각입니다.

한국 차계(茶界)는 중국차의 수입이 정착되면서, 차의 세계가 얼마나 넓고 다양한지 알게 되었다.

흑차류 중 우리나라에 가장 많이 보급된 것은 보이차이다. 그 다음은 천량차일 것이다. 천량차는 외형에서 느껴지는 신비로움도 있고, 90년대 후반과 2000년대 초반 품질 좋은 천량차를 많이 들여왔기 때문에 나름 그 시장이 정착되었다. 하지만 '복전'은 2010년 전후로 알려진 차이다. 부산 경남지역에서 오래된 복전이라며 한때 유행한 차들이 있었지만, 진위 여부가 불투명해 크게 확산되지는 못했다.

이제 시간이 흘러 최신 설비를 갖춘 중국 현지 공장에서 과학적으로 만든 흑차 '경위복차'를 우리나라에서 만나게 되었다. 그 일을 차상호 대표가 수입해 공급하고 있다. 이제 복전의 시장은 차 대표가 이끌게 될 것이다. 그가 어느 쪽으로 방향타를 돌려나갈지 기대가 된다.

중국 운남성 고수차산 탐방기

이정 / 죽변다예촌

- 노만아 고차수

요즘 현대인들은 정년퇴임 후 여전히 건강한 육신과 정신으로 무엇을 하며 살아야 할지 많은 고민들을 한다. 나는 정년퇴임하기 전부터 미리 10년을 계획하고 '노는 것이 일이다'라고 다짐하며, 그렇게 될 수 있는 일에 꿈을 가졌다. 5년 동안 차곡차곡 고수차를 준비하고 그에 필요한 다구들을 조금씩 소장하며 5년 만에 '죽변다예촌' 차실을 마련하게 된 것이다. 이제 함께 고수차를 즐기는 벗들까지 많이 생겨서, 지금은 전국의 벗들과 소통하고 나누는 죽변다예촌 차실이 되었다. 가족들과 차를 나누고 벗들에게 차를 대접하는 생활을 5년 하고 나니, 이제 정말 노는 것(나눔)이 일이 되어가고 있음을 실감한다.

호암다도 다예촌과의 인연은 큰 문화적인 가치를 얻는 것이었다. 문화적 가치란 내 가족과 벗들과 나누고 소통하는 삶이다. 5년 만에 나눔과 소통의 쉼터, 죽변다예촌을 만들어 나만의 공간을 만들고, 나아가 지역문화의 디딤돌 역할을 감당하기에 이르렀다.

2018년 4월 1일부터 11일까지, 나는 주부이지만 고수차산 탐방 대열에 과감히 뛰어들었다. 11일 간의 긴 여정이 부담이 되기도 했지만, 5년 호암다도 생활에 더 큰 자부심을 갖기 위해 모든 일정을 뒤로 하고 고수차산 탐방에 나섰다. 11일의 여정이 모두 또렷하게 기억되지는 않지만 사진과 메모를 보며 하루하루 기억을 더듬어 본다.

4월 1일. 인천공항 오후 1시 집결. 오후 4시30분 쿤밍(昆明)행 비행기를 타고 오후 9시30분경 쿤밍공항 도착. 도착하고 보니 우리의 가이드님 여권 분실. 그 자리에서 한국으로 돌아가는 해프닝 발생. 불행 중 다행으로 가이드님은 단체비자가 아니었기에 나머지 일행은 여행길을 포기하지 않아도 되었다. 쿤밍은 도시 자체가 해발 1900고지. 높은 기압으로 지병이 발동해, 귀가 아파서 이틀을 생고생하다.

4월 2일. 쿤밍에서 버스를 타고 13시간을 달려 린창시 지앙현 멍쿠진(臨滄市 双江縣 勐庫鎭) 도착. 숙박.

- 노빙도 마을

4월 3일. 말로만 듣던 그 유명한 고수차의 이름의 지역, 빙도를 견학하게 되다. 빙도는 초입 빙도호수에서 시작하여 다섯 마을이 있다.

① 오른쪽 첫 마을이 너우자이
② 좌측으로 빠웨이(페웨)
③ 좌측으로 띠지에(지게)
④ 노빙도 : 해발 1800미터
⑤ 남포 : 직진

다섯 마을 중 우리가 간 곳은 노빙도 마을이다. 우리나라에서 노빙도 차가 남발하고 있는 현실에 비해 노빙도 자체는 고차수가 없다. 단지 해발이 높은 곳에서 차나무가 서식하기 때문에 고수차라 하는 것이다. 차의 향은 좋으나 가격이 매우 비싸다. 더군다나 고수차를 만들기 위해서는 초제소가 있어야 하는데, 노빙도 마을에는 한국인이 투자한 초제소가 없다. 이러한 사실에 근거해 볼 때, 노빙도 고수차가 한국에 들어올 수 없다 하겠다. 최소한 정직한 빙도차라면 '중국 운남성 린창시 쌍강구 멍쿠진 노빙도' 정도의 주소 이력은 가지고 있어야 할 것 같은데, 이렇게 정확한 생산이력을 찾아볼 수 없음이 대한민국 노빙도의 현실이다. 현지 노빙도 고차수의 가격에 놀라다. 오후 혜민 도착. 숙박.

4월 4일. 해발 1800미터

4월 5일. 맹해 도착. 포랑산 대익 생태 차밭 견학.
생태차 나무로썬 잎도 튼실하고 건강한 차밭이다.
포랑산 노만아 마을 도착.
노만아 마을에는 쓴 고차수가 많다. 채엽이 쉬운 밭차를 고수차로 둔갑시키거나 고수차

– 노만아

잎을 섞어서 고수차로 둔갑시키기도 한다. 노만아 마을 전체가 상업화되어, 집집마다 상호가 노만아 1호, 노만아 2호, … 노만아 O호까지 간판이 다 붙어 있다.

노만아의 차왕수는 수나무와 암나무 두 그루가 마주보고 있다. 노만아 촌장님 댁에서 촌장님이 직접 우려 주시는 고수차를 마셨는데, 부족한 내 입맛 탓인지 특별한 맛은 느끼지 못했다. 진정한 고수차를 현지인 노만아 마을에서도 만나기 어렵고 가격 또한 너무 비싸니, 주부로서 감히 손댈 수 없었다. 드디어 운남성 푸얼시 맹해현 포랑산 신반편자이 호함다도 초제소에 도착했다.

– 신반편

호함다도 이영직, 다예촌 나광호, 두 분 선생님께서 신반펀자이에 초제소를 지어 그곳에서 신반펀자이 고수차를 직접 만드는 곳이다. 신반펀자이의 최고 책임자는 라구족 족장 자눙이다. 그 초제소에서 우리 일행은 1박을 하게 되었다. 호암다도 신반펀자이는 3월 중순까지의 조춘차로 오로지 라구족 족장 자눙이 직접 생산 관리까지 총괄한다. 초제소에서 우리 일행은 자눙의 만찬을 대접받고 동네 밤마실도 다니며 5일째 밤을 보냈다.

4월 6일. 초제소에서 출발하여 허펑지, 만농, 만마이를 거쳐 맹해 도착.

4월 7일. 남나산 반포로자이 도착.

비가 내렸다. 남나산 차왕수를 보기위해 빗속을 트래킹. 6일 동안 무척 좋은 날씨였다가 내리는 첫 비였다. 비 내리는 남나산은 정말 말로 표현할 수 없이 아름답고 운치가 있었다. 2012년 남나산 두어자이를 소장하고 있어 내게 더욱 특별하게 다가왔다. 9시간 버스를 타고 달려 젠웬 도착. 비포장길 덜컹덜컹. 멀고도 험난한 도로사정. 차는 밀리고 또 밀리고, 아휴, 그러다 도로 공사로 인한 교통 통제를 이유로 3500년 된 고차수를 보기 위해 한 강행군이 물거품이 되어 버렸다.

4월 8일. 3500년 고차수와의 만남은 포기했지만 아름다운 도시 젠웬에서 푹 휴식하다. 젠웬은 참 아름답고 깔끔한 도시다. 무척 큰 문화광장이 있고, 그 주변을 둘러싼 공원 역시 매우 아름답게 조성되어 있다. 젠웬은 부호들이 사는 곳으로, 운남인들이 살고 싶어 하는 도시 중 10번째로 손꼽는 곳이라고 한다. 젠웬의 주야를 모두 즐겨보는 휴식 같은 하루였다.

- 노반장 차왕수

4월 9일. 다시 버스를 타고 13시간 오는 도중, 차왕수는 못 봤지만 넘어오는 길에 옛 차마고도 에레산을 넘는 행운을 얻었다. 너무 아름다운 비경에 입을 못 다물 정도였다. 산길을 굽이굽이 도는 길에 도로 공사 중이어서 차를 세워두고 2시간을 마냥 지루하게 기다리는 사태 발생. 중국은 돌발 상황이 너무 많은 곳이란다. 우리 선생님들은 차(茶) 만드는 기간 동안 2시간의 기다림 정도는 애교 중 최상의 애교라 한다. 도로에서 밤을 세는 일이 비일비재하다며 예사롭게 느긋하시다.

4월10일. 쿤밍 진스소치 차(茶) 시장 투어.

이름만 듣던 그 유명한 우림고차방을 들러서 차를 마셨다. 정말 고수차 맛을 찾기가 쉽지 않았다. 포장지는 다 고수차인데 우짜노...????

오히려 큰 노차상점에서 놀라운 일을 목격하기도 했다. 말 한 마디에 즉석에서 고급 유명브랜드의 차가 만들어졌다. 똑같은 모양의 병차에 유명 이름을 붙이고, 제조일자를 10년 혹은 20년 전으로 둔갑시키는 것이다. 기묘한 광경을 목격하니 그야말로 식겁할 노릇이다.

4월11일. 긴 여정 마무리.

숙소에서 시간을 지체하여 쿤밍공항까지 가는 시간이 촉박했다. 버스 타는 곳에는 너무 많은 사람들이 대기 중이어서 우리 일행이 한꺼번에 이동이 불가했다. 다급한 상황 속에서 호암 선생님께서 버스 한 대를 통째로 빌려오신다. 선생님의 위기탈출의 능력이 또 한 번 일

행들을 감탄케 만들었다. 덕분에 예정된 시간에 공항도착~

　11일 동안 20여 명의 일행들을 위해 긴장하고 알뜰히 챙기시며 고생한 두 분을 남겨둔 채 짠한 마음을 뒤로 하고 한국으로 무사히 돌아왔다. 일행을 보내고 두 분께선 긴장감이 풀리면서 몸살이 나 이틀을 앓아 누우셨다 한다.

　너무 감사할 뿐입니다...

- 2018년 중국 운남성 고수차탐방

　우리는 흔히 커피나 보이차 또는 어떤 류의 차를 즐길 때, 향이나 맛을 이야기하는 경향이 있다. 나 또한 그렇게 즐겼다. 그러나 이번 11일간의 여행에서 확실히 확인하고 깨딜은 것은 조금 달랐다. 명품은, 그리고 정직한 차는 생산주소, 이력이 분명하고 정확하며 책임자가 누구인지도 확실해야 한다는 사실이다. 생산지가 어딘지, 생산자가 누구인지 정도는 알고 즐겨야하겠다. 생산이력이 정확한 정직한 차를 먹을 수 있다는 것은 참으로 복이 있는 일임이 분명하다.

　생산이력의 정확한 표현은 '중국 운남성 푸얼시 맹해현 포랑산신반펀자이' 이정도가 될 것이다. 시중 보이차의 표기를 보면 '포랑산 청병' 이런 식의 표기를 흔히 보게 된다. 이런 차는 정확성이 떨어지는 표기이다. 고수차 시장이 정직하고 진실했으면 하는 바람이다.

新 중국명요 순례

남방백자의 高峰 德化

: 김덕기(在中國 기업인)

 당나라 말, 혼란기를 틈타 황소(黃巢)가 진을 쳤다는 염산(念山)등성이에는 짙푸른 녹차밭이 물결을 이루고 있었다. 이름하여 정화백차(政和白茶)의 주산지인 셈이다. 그 산 아래 아늑하게 자리한 융합차서원(隆合茶書院)은 유명한 백차(白茶)의 달인 양풍(楊豊)대사의 시음 차장(茶庄). 굳이 차인(茶人)이 아니더라도 꼭 한번 찾아가 백차의 진수를 음미해 볼 만한 곳이다.

 무이산(武夷山)에서부터 하매촌(下梅村) 우림정(遇林亭)을 거쳐 꼬박 이틀을 봉사해 준 이 지역의 친구 주진린(朱金鄰)과 공사오화(龔少華)는 건양 수길진까지 바래다주는 임무를 끝내고 어젯밤 길을 떠났다. 이제 렌트카(租车)로 움직여야 할 신세가 된 우리는 30분 거리의 고정서원(考亭書院)[01]을 유람하며 점심을 먹고는 덕화(德化)로 향했다.

---

1. 고정서원(考亭書院) : 복건성 남평시 건양구 시내 서남쪽으로 3㎞ 떨어진 곳에 위치해 있다. 송 紹熙3년(1192)에 朱熹가 부친의 뜻을 이어 竹林精舍를 지었고 후에 滄州精舍로 개명하였다. 당시 각 지역의 학생들이 천리길을 마다하지 않고 고정서원에 학문을 배우러 왔으며, 많은 인재들이 모여 '고정학파'를 형성하였고, 후세 사람들은 이를 '閩學'이라 존칭하였다. 주희는 이 서원에서 8년간 강학하다 慶元6년(1200)에 병으로 세상을 떴다.

화 백자를 볼 수 있는데, 특히 필리핀이나 해안선이 긴 베트남의 해저유물 중에는 중국에서도 보기 어려운 걸작 덕화자기들이 많이 인양되었고, 태국이나 동아프리카 등지에서는 청대 청화 자기들이 출토되기도 하였다.

그러나 이제 굴두궁은 안내판의 설명문을 읽어 보는 것 외에는 아무것도 건질 것이 없는 곳이 되어 버렸다. 굳게 잠긴 요장 문틈으로 까치발 탐방을 하며 어정거리다, 완평(碗坪, 德化鎭 盖德鎭 盖德村)으로 방향을 돌릴 수밖에 없었다.

산비탈을 따라 곡예 운전을 하여 도착한 막다른 종점이 하필 노인 내외분이 계시는 집 앞이었다. 옛날 요장을 물었더니 기다리기라도 한 듯 반색하며 우

리들을 집 뒤로 안내했다. 무슨 연유인지 노인은 그 동안 수시로 수습한 자편들을 집 뒤편에 다 모아두고 있었다. 각화나 문양도 없는 청 후기의 기벽이 얇은 파편들이지만, 유백색의 본질은 변함없이 아름다웠다. 완평륜은 굴두궁 요지보다도 일찍 개창된 곳이라 태질이 치밀한 상아백(象牙白)이나 자소(瓷塑)02) 조각 한 점쯤은 볼 수 있을 거라 기대했는데, 민생이 고달팠던 청 말기에서 오늘에 이르기까지 중국의 문화유적 보존 상태는 실로 허망하기 짝이 없다.

---

2. 자소瓷塑 : 자기인형. 민간 공예의 일종으로서, 자기로 각종 인물의 모습을 제작하였다.

　덕화지역 요장들은 시대에 따라 확연히 구분되고 있는데 송, 원대에는 백자가 정착되기 시작한 시기로 청백자와 백색이 혼재하면서 합(盒)이나 원형, 팔각, 과릉(瓜棱)병을 주로 구웠다. 어찌 보면 큰 두각을 나타내지 못한 무명시절이었다고나 할까. 원 추부(樞府)백자 시대를 거친 명대에 와서야 태질이 치밀하고 투과도가 우수해 순백의 유면은 윤기가 흐르고 밝으며 유중에 은은히 나타난 분홍색 혹은 유백색의 저유백(猪油白)과 상아백(象牙白)이 출현하였다.

　청대 백자는 명대에 비해 유층이 약간 청색을 띠면서 유감이 다소 딱딱하고 기벽이 얇은 편이다. 원래 요장의 파쇄 퇴적층은 맨 하층부터 차곡차곡 형성된 터라 맨 위의 상층부는 소성 연대가 짧기 마련. 오늘 우리가 수습한 자편들도 기실 청 후기 생산된 것들이었다.

　사실 우수한 덕화자기의 실상을 제대로 보려면 명대 작품을 보아야 제격이다. 청대 덕화요는 계속 백자를 생산했지만 대체로 일용품 위주였고, 백자 외에 청화와 오채기물 등 장식자기를 운용하면서 양산 체제로 난립해 품질 저하를 자초하게 된 것이었다. 그러나 명대

백자는 자질(瓷质)이 치밀(致密)하고 투과도가 우수해, 태(胎)와 유(釉)가 혼연일체를 이룬 순백 유면의 밝은 질감은 상아나 옥질을 뛰어넘었다. 품종도 작배(爵杯), 매화배(梅花杯), 향로, 병, 호, 완 등 격조 있는 문인 취향의 작품들을 지향하였다. 특히 우수한 자소품(瓷塑品)의 인물은 성격이 선명하고 조형이 우아하며 표정이 생생한데다 그 세련된 풍격은 세계인의 이목을 집중시켰다. 이런 종류의 작품들은 유명 장인 하조종(何朝宗), 장수산(张寿山), 임조경(林朝景), 임희종(林希宗), 소학금(蘇学金) 등의 낙관이 새겨져 송자관음(送子观音)과 함께 수출자기의 중요한 품종 중 하나로 서양세계에 큰 반향을 불러 일으켰다.

이탈리아 여행가 마르코 폴로는 천주항에 도착한 기행문에다 이렇게 썼다.

"자동성(刺桐城) 부근에 한 도시가 있어 그 이름이 덕화(德化)인데 옥 같이 결백(潔白)한 자기가 많고 아름답다. 유럽황실의 금은 주방 기기를 대체하면서 주방의 혁명을 불러일으킨 자기 제품들이 모두 여기서 나온 게 아닌가 싶다."

중국 제자사(制瓷史)와 중외(中外) 문화 교류사에 빛나는 한 페이지를 남긴 덕화자기는 수출 전문 특제품을 지향함으로써, 정작 중국시장이나 박물관에서는 희소하지만 국외에서는 대량 발견된 예가 허다하다.

첨단 최고 상품의 출현은 반드시 그 이면

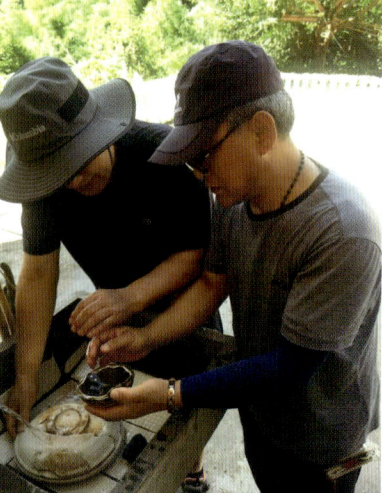

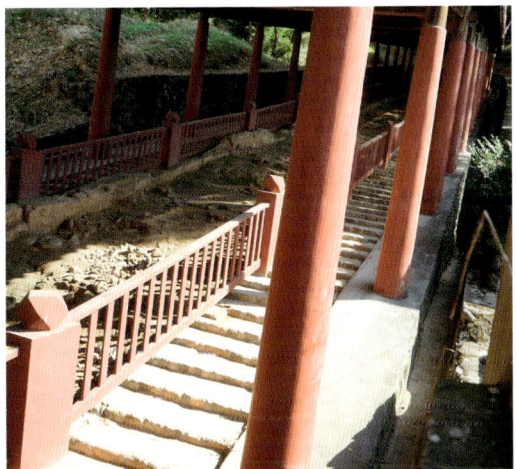

에 나름대로 고심한 비결이 있기 마련. 덕화백자의 흥성 역시 결코 우연이 아니었다. 그들은 기본 재료인 흙 관리부터 각별했다. 지하에서 파낸 자토를 무더기로 쌓아 놓고는 바람에 불리고 비를 맞추고 햇볕을 쪼이면서 방치하기를 30~40년. 흙은 이런 처리를 통해 질이 더욱 순화되고 정련되어 각종 기물을 만들 수 있는 양질의 소재로 승화되었다. 그러니 흙을 파내 무더기로 쌓아놓은 것은 자손들을 위해 자기를 제작하는 원료를 저장해 둔 사려 깊은 적선(積善)인 셈이었다.

답사일: 2017. 7. 23~24
답사인원: 중국인 4명, 한국인 3명

'올해의 좋은 차 품평대회'를 마치고...
2018년 하동 야생차문화축제
: 김영숙/승설재 원장

올해는 냉해를 많이 입은 관계로 심사하기 전부터 걱정이 앞섰지만, 출품한 차를 마주하고 보니 너무도 놀랄 수밖에 없었다. 냉해를 입은 차들이 대부분일 것이란 생각과 달리 찻잎들이 생생하였다. 다름 아닌 세작이었기 때문이다. 언제나 그러하듯, 품평대회에 참가하는 찻잎들은 늘 최고의 차들이었다.

원광대 대학원 예다학과에서 주축이 되어 '올해의 좋은 차 품평대회'의 심사 및 진행을 맡은 관계로, 국내차 품평은 처음이었지만 매우 신중히 결정하였다. 품평대회 전부터 많은 논의를 했고, 자료 조사도 철저히 하였다. 하동차의 지리적·환경적 특징부터 찻잎의 특징과 제다의 방법, 그리고 하동차 재배업자들의 노력과 의견까지 꼼꼼히 살펴 새로운 심사 방법으로 품평을 시도하

여 보았다. 특히, 녹차는 중국 국가표준 심사방법(3g, 150ml, 5min)을 채택하고, 발효차는 ISO 3103(3g, 150ml, 6min) 홍차 품평 방법으로 진행하였다.

올해 출품된 차는 총 44품목으로 그 중에서 녹차 20품목, 발효차 24품목으로 녹차보다 발효차가 더 많았다. 더욱 놀라운 사실은 발효차를 만드는 수준이 상당한 수준이 이르렀다는 것이다. 그 동안 지방 강의를 다니면서, 차를 만드는 사람들이 발효와 산화의 개념 구분

을 명확히 이해하지 못하여 황차, 홍차, 청차(오룡차) 구분을 뚜렷하게 하지 못한다는 느낌을 받아왔기 때문이다. 물론 중국에서 분류하는 방법이라 국내에서 똑같이 적용하기에는 무리가 있을 수도 있지만, 적어도 자신이 만드는 차가 발효에 의한 것인지 아니면 산화에 의한 것인지, 발효 또는 산화의 정도가 몇 퍼센트 진행이 되었는지 정도는 알아야 할 것이다.

금년 하동의 발효차는 모두 80% 이상 산화·발효한 홍차가 일괄 출품되었다. 발효(반발

효, 완전발효 모두 포함) 정도에 따라 심사평가 기준을 정해야 했기 때문에, 표준 샘플이 없는 현 시점에서 균일하지 않은 차들의 기준을 어떻게 결정해야 공평하게 품평을 할 수 있을까? 하는 등 발효차 심사를 하기 전부터 많은 고민을 했다. 하지만 차들을 심사하는 내내 하동차 재배업자들이 상당한 수준의 발효차를 출품하기까지의 노력과 노고에 감탄하지 않을 수 없었다.

다음은 올해의 좋은 차 품평대회에 참여한 차들의 전체적인 심사평을 각각 녹차와 발효차로 분류하여 보았다.

녹차의 ① 외형은 난화형, 권곡형, 조형, 단결형 등으로 유념의 다양성을 엿볼 수 있으며, 그 정도 또한 세밀하게 잘 말려져 있었다. ② 색깔은 눈녹, 취녹, 심녹, 황녹, 회녹 등으로 다양하였다. ③ 탕색은 전체적으로 맑고 깨끗하며 투명하였다. ④ 향기는 예전의 구수함보다는 청향, 화향 등 하동지방의 지리적 특성에 기인한 향기와 어우러짐을 보였다. ⑤ 맛은 신선하면서도 상쾌함이 입안에서 감돌며, 회감이 뛰어났다.

홍차는 전체적으로 발효가 균일하게 잘 되어 발효 온도의 부족함이나 통풍이 안 되어 뜬내가 나는 차가 없었다. ① 탕색은 대부분 맑고 투명한 진한 홍색을 띠었다. ② 향기는 화향, 과향, 밀향, 신선한 솔향 등이 뚜렷하였다. ③ 맛은 전체적으로 신선하면서도 깔끔하고 과일 및 꽃에서 나는 달콤함이 풍부하였다. ④ 국내 차들 전체적으로 제다 부분에서의 큰 변화를 이룸에 박수를 보낸다. 특히, 어느 농가의 발효차에서는 신선한 솔향기가 뚜렷하여 놀라움을 감출 수 없었다.

연구하고 노력하는 하동차 재배업자들의 더욱 더 큰 발전이 있을 거라고 기대한다.

끝으로 몇 가지 아쉬움이 있었던 것은 심사를 두 번 하는 관계로 이동하며 긴 시간이 소요되고 혼잡이 야기 된 것과 특히 외부 심사 때 물의 온도 유지의 어려움과 소음 등 환경상 어려움이었다. 또한 세작으로 우열을 가리기보다는 각자 만든 최고의 차들을 가지고 심사를 받도록 하였다면 좀 더 차를 만드는데 신중하지 않았을까 하는 생각도 들었다. 물론 출품할 차에만 신경을 써서 나머지 차들에 소홀할 것 같은 염려 때문에 세작으로 품평대회를 한다지만, 차를 잘 만드는 것은 기술이기 때문에 그렇다면 세작 역시 잘 만들 것이라는 생각도 해 본다. 무엇보다도 시급하고 중요한 것은 다양해진 하동의 차에 대한 품질 평가 기준과 표준 샘플을 만들어 심사의 일관성과 정확성을 유지하는 것일 것이다.

끝으로 '올해의 좋은 차 품평대회'를 위하여 준비하여 주신 원광대대학원 예다학과 학과장님, 교수님, 박사 1학기생들, 그 외 각 대학교에서 오신 심사위원님들, 하동 관계자 및 출품 농가에 모두 머리 숙여 깊이 감사를 드립니다.

쉽게 읽는 골동보이차

: 김경우(골동보이차의 이해 저자)

복원창(福元昌)

호급 보이차에서 쌍벽을 나누는 양대 산맥은 복원창(福元昌)과 송빙호(宋聘號)이다. 이를 뒷받침하는 것이 시장에서 유통되는 가격이며, 가장 고가에 거래되고 있다는 것이 이를 증명하는 셈이다.

송빙호는 1920년대에 생산된 송빙호·홍표(宋聘號·紅標)와 송빙호·람표(宋聘號·藍標), 1950년대에 생산된 건리정송빙호·백지(乾利貞宋聘號·白紙), 1970년대에 홍콩에서 재현한 모방품 송빙호 등으로 구분해 볼 수가 있다.

송빙호 차창에 대한 역사적인 자료는 이미 많은 책에서 언급되었기에 생략하겠다.
1920년대에 생산된 송빙호·홍표와 송빙호·람표는 우리나라에는 원통으로 유통된 수량은 극히 적다. 1990년대 후반에 이르러 홍콩 창고에서 송빙호가 세상 밖으로 나오게 되었다. 호급 보이차로서는 뒤늦게 세상 밖으로 나오다 보니 처음부터 가격이 비싸게 거래되었고, 차 수량도 많지 않았다. 또한 유통 상인들은 차의 존재조차 몰라 다른 차에 비해 인지도가 높지 않았다.

국내 송빙호의 유통 흐름을 역추적해보면 송빙호·홍표는 서울에서 송빙호·람표는 부산에서 주로 유통되었다. 호급 보이차의 유통 과정을 역추적해보면, 이미 홍콩 창고에서 오래된 보이차가 세상 밖으로 나오면서 홍콩의 몇몇 유통 상인들이 독점을 하게 된다. 그래서 어떤 유통 상인에게 차를 가져오느냐에 따라 취급할 수 있는 차의 종류가 달라질 수밖에 없었다.

1920년대에 생산된 송빙호가 호급 보이차를 대표하는 복원창과 양대 산맥이 될 수 있는 이유는, 좋은 원료를 사용하였고 생모차 긴압으로 만들어졌으며, 그 후 오랜 세월이 지난 결과이기 때문일 것이다.

송빙호·홍표는 2003년 홍콩에서 한 편의 소비자 가격이 8백만 원 전후였다. 세월이 흘러 2015년 현재는 억대가 훨씬 넘어가니 가히 가격만큼이나 가치를 인정받고 있는 셈이다. 1990년대 후반 우리나라에 처음 유통되기 시작했을 때 가격은 한 편당 100만 원 전후였다.

1920년대에 생산된 호급 보이차의 병면을 유심히 살펴보면 찻잎 병배(倂配)의 중요성을 느낄 수 있다. 여러 문헌이나 자료에도 언급되었듯이 찻잎의 생산 지역은 한 지역이 아니고 인근 여러 지역의 찻잎으로 병배하였고, 어느 정도 자란 찻잎과 줄기가 있는 큰 찻잎 또한 봄, 여름, 가을의 찻잎을 적절히 병배하여 차의 맛을 조화롭게 만들었음을 알 수 있다.

이런 차들은 내포성이 풍부해 끊임없이 우려도 차의 맛이 뚝 떨어지지 않고 한결 같은 맛으로 우려져 나오는 것이다. 이러한 제다법의 결과와 세월의 신비 즉 발효를 거쳐 천하의 명차로 거듭나게 된 것이다.

송빙호·홍표와 송빙호·람표는 1920년대 전후로 같은 시기에 생산되었지만, 유통 과정에서 마니아들은 송빙호·홍표를 한 등급 위의 차로 인정하고 있다.

같은 시기지만 왜 홍표와 람표를 구별해서 차를 만들었는지 정확한 자료가 없어 알 순 없지만 경험으로 미루어 보면 송빙호·홍표의 발효 정도가 빨라 연대가 조금 앞서지 않나 추정해 볼 수 있다.

1960년대 이후에 만들어진 송빙호는 찻잎의 병배 방식, 제다 방법 등이 1920년대 송빙호와는 전혀 다르다. 같은 송빙호 이름을 가졌지만 두 종류는 전혀 별개라고 봐야 하며, 제다법이나 찻잎의 원료 등에서 연관성이 없다.

우리는

: 정남조 (예백문화원 원장)

차를 좋아하는 이
누가 이 찻잔의 경이로움에 반하는가.

찻상에 새로 놓인 찻잔은 시(詩)와 선(善)이며 꿈과 현실이 모두 다심(茶心) 속에 있는 것 같다. 예술의 세계는 깊이있게, 선의 세계는 다양하게 펼쳐진다. 쉽게 흉내낼 수 없는 우리의 색, 기품과 격조 있는 색감은 고려시대 차문화를 연상케 하며 과거와 현재가 공존하는 듯하다.

오랜 차생활 속에서 섭렵해 온 다품(茶品)을 논하며, 차생활과 의례문화도 자연스럽게 찾아보게 된다. 전통과 현대, 옛것과 새것의 어울림 그리고 깊고 얕음이 조화를 이루며 오랜 시간을 지낸 명차가 농한 차의 맛을 내듯, 차에도 시간이 스며 있고 사용하는 다기에도 역사가 존재하며 자신의 예문화 속에 아름다움이 내재되어 있어야 한다는 것을 느낀다.

과거 역사 속에서 여성들의 차문화를 살펴보면 의식가례(家禮)로써 큰 자리를 차지했다. 고려시대 국가적 의식을 고찰해 보면 진다의 중요성을 찾아볼 수 있으며, 가례 중의 혼례에도 신분이 격상된 의식을 치르기 위한 다례를 행하기도 했고, 제례에도 여성들이 전다(煎茶)를 했으며, 불가에서도 불전(佛殿)에 헌다(獻茶)한 일은 당연하다.

공적인 행사에서 차에 대한 의례는 종국 문화적으로 이바지하였으며, 그들의 정신문화는 선비와 관료들을 상대하기에 손색이 없었다. 최상위 신분인 왕가의 여성들은 차생활에 익숙해 있었으나, 평민여성들은 차를 접할 기회가 거의 없었고 혹 의식에서 보거나 약용으로 쓸 정도였다. 당시 대부분이 차를 구하기 힘드니, 어쩌다 조금씩 얻어서 마시는 경우였을 것이다. 어려서부터 차를 마시고 차생활에 익숙했던 조선시대 여성 차인들 중 유명한 이는 허초희(許楚姬)로 천재적인 시재를 발휘해 감상적 시풍으로 명작들을 남겼다. 또 영수합(令壽閤) 서씨(徐氏) 또한 차를 소재로 한 다시에서 사람의 일생에 대단한 역정과 삶을 노래했다.

역사 속의 차인들 중에는 이렇듯 존경할 만한 분들이 많은 깨달음을 주고 있다.

도(道)를 참구(參究)하듯 심오하고, 평생의 일관된 지표가 있어 차를 마시는 행위를 통해 마음을 바르게 하고 올바르며 참됨을 잃지 않았다. 지순한 참살림에 임하는 어머니의 마음 아니었을까. 그런데 우리는 욕망과 이기심을 채우기 위해 차를 이용하지 않은지, 어느 교수님께서 말씀하셨듯 차가 음다용이 아니고 행다나 품다 시험용으로 쓰이는 건 아닌지 애석하고 민망스럽다.

오늘의 차문화(茶文化)에 종사하는 이런 모든 현실과 부와 허명(虛名)으로 나타나는 현상을 우리는 어떻게 평가하고 판단해야 할지, 차를 마시는 것 자체가 고상한 것이 아니고 마시고 난 다음 내가 어떻게 달라졌는가 하는 것이 중요한 것이라는 말씀이 떠오른다.

많은 사람들의 차생활이 좀 더 자연과 사람을 위한 차생활이어야 하며, 새롭게 차를 바라보며 마음의 풍요로움을 누리는 것이 지금 우리에게 필요한 것 같다. 현 세대 여성 차인 속에서 우리는 다례문화 안에서 전통과 현대미를 접목시켜 의례 발전과 문화 콘텐츠로서의 성장이 되길 바라며, 모든 연령과 어우러질 수 있는 연구방향과 제대로 정리, 분석을 통한 연구에 시간과 노력을 아끼지 않아야 된다. 마지막으로 차가 있으므로 해서 모든 사물의 격이 한층 높아지는 것에 많은 연구와 실연이 이어지길 바라는 마음 간절하다.

문상연의 홍차 이야기③

아이스티(Ice Tea) 이야기

: 문상연
  현대백화점 문화센터
  생활속의 홍차 · 전문강사

홍차를 생각하면 누구나 '영국'을 떠올린다. 하지만 한여름 무더위 속에서 청량감과 차의 효능을 함께 즐길 수 있는 아이스티의 시작은 지금부터 100여 년 전 미국의 (1904년) 세인트루이스에서 개최된 만국박람회에서. 영국의 홍차 상인 '리처드 블리치덴(Richard Blechyde)'에 의해 시작되었다. 7월의 불볕더위 속에서 뜨거운 홍차를 판매하던 리처드는 팔리지 않는 홍차에 얼음을 넣어 판매하기 시작했고 더위와 갈증을 느끼던 관람객들은 시원한 홍차에 크게 호응함으로써 산뜻한 홍차의 매력과 시원함까지 동시에 느낄 수 있는 현재의 아이스티로 발전할 수 있게 되었다.

애프터눈 티와 가든 티 등, 격식을 중요시하며 매너와 에티켓을 즐기며 다양한 브랜딩 차로 홍차문화의 중심에 영국이 있었다면, 실용적인 티백홍차, 다양한 과일 향과 아로마를 곁들인 인스턴트 티, 아이스티 등은 모두 미국에서 시작된 차 문화이다.

산업화와 도시화로 현대인들은 간편하면서도 쉽게 접할 수 있는 편리한 대체음료 로서의 차 문화와 허브티와 여러 가지 과일주스를 이용한 기능성 차 문화에 관심이 높아져 가고 있다.

미네랄이 풍부한 허브와 플라보노이드가 풍부한 홍차의 만남으로 여름철에 부족할 수 있는 수분과 갈증을 해소할 수 있는 아이스티야말로 기능적 음료로서의 새로운 라이프스타일을 이끌어 갈 수 있다고 생각한다.

아이스티를 만들 수 있는 방법으로는 크게 두 가지로 구분할 수 있다.

첫 번째는 찬물로 쉽게 우려낼 수 있는 냉수 침출 법이다.

줄여서 '냉침법'이라고도 한다. 700~1,000mm 정도의 유리병에 1~2스푼정도(8~10g)의 찻잎 혹은 2~3개 정도의 티백을 넣고 냉장고에서 장시간(8~12시간) 우려내는 방법이다. 냉침 법은 차가운 물로 우려내는 방법으로 뜨거운 물에서 쉽게 추출되는 카페인이 비교적 적게 우려져 나와 차 특유의 쓴맛이 덜하며 산뜻하고 부드러운 풍미를 느낄 수 있으며 카페인에 민감한 분은 냉침 법으로 차를 즐기면 된다.

두 번째로 냉침법보다 시간이 절약되는 온수침출법이 있다.

줄여서 '급냉법' 이라 한다. 뜨겁게 우려낸 홍차를 차가운 얼음 위에 재빨리 부어서 만드는 방법으로, 홍차의 양은 평상시보다 두 배, 우리는 시간은 조금 길게 해야 한다. 얼음과 섞기 때문에 그 농도를 조절해서 마시는 방법이다. 아이스티를 만들 때 사용되는 홍차는 인도의 닐기리, 케냐홍차, 스리랑카 홍차가 비교적 적합하다. 이들 홍차의 공통점은 탄닌 성분이 비교적 적게 들어있어 차가운 얼음과 만났을 때 수색이 혼탁해지는 크림다운(Cream-down-백탁 현상) 이 일어나지 않는다는 공통점이 있다.

그리고 다양한 아이스티의 세계에서 홍차와 허브의 만남 또한 편안함과 풍미를 함께 느낄 수 있는 매력이 있다. 특히 꽃 부분만 사용해서 닐기리 홍차와 브랜딩 함으로써 해열, 진정효과와 더불어 편안한 수면을 유도해주는 약리적인 효능이 뛰어난 카모마일 허브는 여름에 즐기기에 최적의 아이스 티이다.

이외에도 여름에는 레몬, 라임, 자몽등 시트러스계열의 과일 등을 홍차와 브랜딩 함으로써 입안의 상쾌함과 청량감을 동시에 느낄 수 있는 색다르면서도 센스 있는 나만의 홍차 세계를 만들어갈 수 있다.

봄에는 화사한 꽃의 향기를 느낄 수 있는 다즐링 퍼스트플러쉬홍차, 여름에는 와인 향을 닮은 시원한 실론 아이스티, 가을에는 높은 가을 하늘의 기품을 닮은 제인 오스틴이 사랑한 트와이닝 홍차, 겨울에는 따뜻한 우유를 곁들인 잉글리시 스타일의 밀크 티로 홍차의 매력에서 일상의 즐거움을 느껴보길 바란다.

이달의 찻자리

1g으로 맛과 향을 내는 자리

: 자하연한의원 임형택 원장

혹독한 더위 속, 점심 시간에 자하연 한의원을 방문했다. 원장실 옆에 차실에 있는데 이번에 발행하는 다석 3호 〈이달의 茶席〉에 초대하기 위해서다. 인사를 위해 원장실에 들어간 순간, 임형택 원장 책상에 놓인 작은 찻자리가 눈에 확 들어왔다.

1g으로 맛과 향을 내는 자리

양해를 구하고 먼저 사진 한 장 찰칵하고 물었다. 어떻게 원장 책상 위에 차를 놓고 환자 상담을 하게 되는지?

1g의 법칙을 시행하는 자리다.

10년전 병원에 남는 방이 하나 생겨서 그 방에 차를 준비하여 손님을 대접하자! 라는 생각에, 그래서 좋은 차도구를 준비하기 위해 많이 다녔다.

　그런 과정에 환자와 대면하는 자리에서 작은 다기로 차 한잔 대접하고자 별도로 준비하였다. 그런 자리에 딱 어울리는게 대만의 기고당 제품의 다기이며 차(茶)는 기고당(奇古堂) 사장님이 주장하시는 1인 분량이 좋은 차 1g을 넣어서 사용했다. 실제로 원장과의 대담, 문진시에 차 한잔의 효과는 의사 앞의 환자가 조금 안정되는 경험을 여러번 했다고 한다.
　그렇고 보니 필자의 추억이 떠오른다.

1인 1g
　필자가 타이페이 시내에 있는 기고당에 갈 때는 늘 딸과 같이 가게 되었는데, 건강한 차생활을 위해서 두가지 규칙을 권했다.

　하나는 차를 마실 때 반드시 코로 가져가서 향을 먼저 맡고 차를 마시는 습관이다.
　차의 좋은 향기 성분을 먼저 코 점막을 통해서 흡입하는 과정이 좋다고 한다.
　두 번째는 차의 분량인데 좋은 차를 선택하여 1인 1g의 분량으로 적게 마시는 게 좋다고 했다. 그 이유는 차를 음미하는 것은 1g으로도 충분하다고 했던 기억이 있고, 다호도 작고 찻잔도 작은 것을 사용하는 것이다.
　이 좋은 방법을 그동안 잠시 잊고 있었는데 임형택 원장의 책상 위 찻자리에서 다시 발견하였다.

포슬린 페인팅
부제 : 동양을 강렬히 동경한 유럽 차문화 속 포슬린 페인팅
: 박정아_'푸른응접실'의 홍차 대표

감상용 예술품은 물론 일상생활 속에서 흔히 사용되는 전시용 그림 식기나 홍차 잔 등이 '포슬린 페인팅'이라는 것을 아는 이는 드물다. 대부분의 사람들은 홍차와 포슬린 페인팅이 막연히 서양의 것이려니 여길 뿐, 서로 어떠한 관련이 있는지 모른다. 하지만 사실은 정반대의 역사적 배경을 가지고 있다.

　포슬린 페인팅은 고대 동양의 오랜 차 문화 속에서 생성되어 홍차와 함께 식문화를 미학적으로 승화한 것으로, 유럽식 포슬린 페인팅은 유럽 황실의 화려한 사교문화인 티파티를 뒷받침하기 위해 탄생하였다.

　현대 차도구로서의 포슬린 페인팅 작품 중 필자가 직접 만든 작품들 사진을 감상하면서, 유럽의 홍차와 포슬린 페인팅이 가지는 공통분모인 동서양의 결합을 살펴보고, 오랜 역사를 지녔지만 새롭고 참신한 시각을 지닌 포슬린 페인팅을 즐기기 바란다.

포슬린 페인팅이란 ?

　유약 처리된 백색 자기에 특수 안료로 그림을 그려 800도 온도에서 소성한 것을 말한다. 안료는 광물이나 원석을 원료로 해 다양한 색을 낸다.

포슬린이란?

포슬린이라는 용어의 유래는 14세기 원나라 때 강서 경덕진의 경질 자기(백색 고령토를 1300도 고온 소성한 것)를 처음 본 마르코 폴로(1254~1324, 베네치아 상인, '동방견문록'의 주인공)가 백자의 희고 투명함이 조개와 비슷하다고 하여 포르셀라(porcell : 이태리어로 조개)라고 부르면서, 포슬린이 도자기를 뜻하는 단어가 되었다.

기존 백자의 표면에 산화 코발트(청색)의 안료로 그림을 그린 청화 백자와 구리 성분을 이용한 붉은색 유리홍 자기가 16세기~17세기 네덜란드 동인도 회사 상선을 타고 유럽으로 운반되어 왔다. 홍차와 포슬린은 유럽인들에게 미지의 동양 문화와 극동에 대한 강한 동경과 호기심을 이끌어 내었고, 유럽 전역에 새로운 유행을 만들어내며 널리 전파되었다. 그 당시 유행했던 중국풍 시누와즈리 01)와 일본풍 자포니즘 02) 이란 용어만 살펴보더라도 동양의 문화에 대한 로망을 지닌 시대적 분위기를 쉽게 엿볼 수 있다.

이런 사회적인 분위기를 타고 채화 자기의 화려한 문양은 유럽 자기의 자가 개발을 촉진시키고, 중국 수입에만 의존했던 차 무역과 차 문화의 개발 및 생산에 다양한 시도를 해 보고자 하는 기회를 제공하는 역할을 하였다.

1709년 독일 작센 왕국의 제후인 아우구스투스에 의해 수도 드레스덴 근교 마이센(Meissen)에서 유럽 최초의 중국식 자기(경질자기 – Hard paste porcelain)

1. 시누와즈리: 프랑스어 chinoiserie. 18세기 프랑스 상류사회에서 유행하던 '중국식' '중국풍'을 이르는 말.
2. 자포니즘: 프랑스어 japonisme. 19세기 중반 이후 20세기 초까지 서양 미술 전반에 나타난 일본 미술의 영향과 일본적 취향 및 일본풍을 즐기고 선호하는 현상을 이르는 말.

생산에 성공하였고, 뵈트거(Johanne Friedrich Böttger, 1682-1719)와 요한 그레고리우스 해롤드(J.G.Höroldt)에 의해 포슬린 페인팅이 완성되었다.

유럽 나라들 중 가장 뒤늦게 홍차 문화와 포슬린 페인팅을 받아들인 나라는 영국이지만, 홍차와 포슬린의 대중화를 가장 크게 이끌어 낸 나라 또한 영국이다. 천년 동안 도자기와 차의 종주국이었던 중국으로부터 유럽이 해방된 계기는 본차이나(Bon china, 1709년 골회를 섞어 만든 도자기) 도자기의 발견 및 대중화였고, 이후 '홍차'하면 영국을 떠올리게 그 중심축을 옮겨 놓았다.

그 당시 근대 산업 사회를 여는 빅토리아 시대의 차 문화가 서민 계급에게 전파된 이래로 일과 후 식사와 함께 차를 마시는 미학적 경험은 식기와 찻잔을 일상생활 용품에서 새로운 공예의 관점으로 승화시켰다. 서민들은 사회적 약자지만 그 문화를 누림으로써 눈과 입의 즐거움을 넘어 심리적 위안과 작용이 더 강했을 것이다. 500년 동안 차 문화와 공예 문화는 황실에서 서민 계급으로 내려오며 공존하고 여러모로 선용되어 왔다.

산업 혁명 이후 차가 대중화된 뒤로 많은 시간이 흐른 지금은 인간보다 기계가 앞서는 AI시대이다. 4차 산업 시대에 사람의 손으로 하는 모든 것이 더 귀하게만 여겨지는 지금, 기계 공예에서 느낄 수 없는 아름다운 포슬린 그림이 그려진 홍차잔을 손에 쥐어 보자. 지친 일상을 잠시 뒤로 하고, 홍차 문화에 입혀진 색채를 생활 속 티테이블에서 감상하며 쉬어 보길 바란다.

보이차, 수집의 즐거움

: 글 _박홍관

1950년대 홍인 / 소장자: 안효진

  차를 수집할 때 그 목적은 다양하다. 경제적 여건을 고려하면서 평소 좋아하는 차를 여유롭게 즐기려는 경우가 있는가 하면, 순전히 투자 목적으로 수집을 하는 경우가 있다. 투자 혹은 음용을 목적으로 수집하는 경우 모두 우리나라는 아직 초보수준이라고 생각된다. 수십 년 후를 내다보고 보이차를 수집하는 경우라면 이제 시작이기 때문이다.

  수집할 대상의 목적을 어디에 두느냐에 따라 다를 수 있지만 수집의 목적이 단순 투자라면 이야기가 달라진다. 어떠한 경우라도 차만큼은 음용이 배제된 맹목적인 투자는 있을 수

1960년대 광운공병 / 소장자: 김해준

없다고 보기 때문에, 음용 없이 투자만을 목적으로 한다면 이미 차인이 아닌 것이다.

하진만 물량을 확보하는 수집이 아니라면 좋은 여건에서 잘 만들어진 차를 최소한 두 통씩, 혹은 한 건(1건=6통 : 7편×6통=42편)씩 마련하여 평소에 즐길 수 있도록 하는 것이 좋다. 그리고 와인과 같이 차 생산지와 연도별 작황을 기록하여 보관하는 것이 좋다. 세월이 지나면서 변화하는 맛을 음미해보면 차를 마시는 즐거움이 한층 더해질 것이다.

차를 즐기는 차인으로서 수집과 음용이 기본이라면 평소 차를 마시면서 비교하는 습관을 가지는 것이 좋다. 그러면서 국내외 차에 대한 정보를 계속 공유해야 한다. 차에 대한 투자는 무조건 오랫동안 소장만 한다고 되는 것이 아니다. 타이밍이 중요한데, 음용이 전제되어야 높은 수준의 차를 소장할 수 있는 안목이 생기고, 기회를 잡을 수 있기 때문이다.

1970년대 초 녹자황인 / 소장자: 한수동

1980년대 황인 7542 / 소장자: 이종계

오운산고차 울산광역시 울주군 상북로 15 T. 010-9232-9726

1. 품명 : 眞 . 진
2. 차창 : 석가명차차업유한회사
3. 년도 : 2017년
4. 중량 : 333g
5. 종류 : 생차
6. 시가 : 36만

7. 진, 선, 미는 오운산고차에서 출시한 고수병배차이다. 그중에서 진은 맹해차구에서 17년 봄에 생산된 500년 전후의 고수차를 차산별로 시음하고 기준에 맞는 원료를 선택하여 오운산의 방법으로 병배하여 생산한 차이다.

8. 500년의 고수차 원료를 병배하여 출시한 차로 부드럽게 마실 수 있으며, 향이 맑고 회감이 좋다. 오운산고차의 경영이념 "當年好茶 經年新茶"에 맞게 지금 편하게 즐길 수 있고 앞으로 더욱 좋은 차품을 기대할 수 있는 차이다.

1. 품명 : 美 . 미
2. 차창 : 석가명차차업유한회사
3. 년도 : 2017년
4. 중량 : 333g
5. 종류 : 생차
6. 시가 : 5만5천

7. 진, 선, 미는 오운산고차에서 출시한 고수병배차이다. 그중에서 미는 이무차구에서 17년 봄에 생산된 100년 전후의 고수차를 차산별로 시음하고 기준에 맞는 원료를 선택하여 오운산의 방법으로 병배하여 생산한 차이다.

8. 100년의 고수차 원료를 병배하여 출시한 차로 부드럽게 마실 수 있으며, 향이 맑고 회감이 좋다. 오운산고차의 경영이념 "當年好茶 經年新茶"에 맞게 지금 편하게 즐길 수 있고 앞으로 더욱 좋은 차품을 기대할 수 있는 차이다.

대평보이차 서울시 종로구 낙원동 56번지 각연빌딩 4층 T.010-2955-0389

1. **품명 :** 석귀
2. **차창 :** 석운남성 쌍강현 멍쿠이전 오척도차창.
3. **년도 :** 2016년
4. **중량 :** 200g
5. **종류 :** 보이생차
6. **시가 :** 35만

7. 원숭이해에 만들어진 차라서 복자가 원숭이 복자가 되어 있다. 이차는 시꾸이[석귀] 고수차로 특별한 석귀 향을 내어주며 풍부한 차 맛을 입안에 가득 내어주는 게 특징이다.

인터넷 상에서 석귀라는 차에 대해 많은 평이 올라오고 있지만, 실제로 맛을 보면 대평보이차의 석귀 맛이 특별하다는 생각을 알 수 있다. 차는 포장지를 보고 구매하는 상품이 아니고 맛을 보고 구매하는 상품이라 생각한다. 차 값은 산지에서 거래되는 가격에 준한다. 순료로 만들어내는 대평보이는 산지 찻값을 기준으로 조정된다.

1. **품명 :** 괄풍채
2. **차창 :** 운남성 쌍강현 멍쿠전 오척도차창.
3. **년도 :** 2013년
4. **중량 :** 200g
5. **종류 :** 보이생차
6. **시가 :** 20만

7. 괄풍채는 산지는 차왕수 차평 백사허 장벤 등 네 군데로 나누어진다. 그중 차평은 두 번째로 유명한 산지다. 이번에 소개하는 차는 차평의 따중수라는 차로 만든 괄풍채 소병인데. 차 맛은 시원하며 부드러운 향기로 많은 사랑을 받는 괄풍채 차평 차의 순료로 만들었다.

휴다인休茶璘 서울 종로구 우정국로 65 T. 010 9386 6801

1. **품명** : 운남 맹해 노반장 대수차
2. **차창** : 맹해 興海다창
3. **연도** : 2004년
4. **무게** : 357g
5. **종류** : 보이 생차
6. **시가** : 4,500,000원

7. **차의 특징** — 백호가 많고, 차가 튼실하고 건장하며 연기 냄새가 조금 남아있다. 탕색은 짙은 황색에 조금 밝고 맑으며, 향기는 연기의 향과 산화발효향이 좀 있다. 맛은 진하여 입안이 꽉 차는 듯한 시원한 느낌과 더불어, 허끝에는 생침이 많이 생겨나며 단맛이 끊임없이 샘솟는다. 우린 잎은 갈녹색에 튼실하고 건강하며 탱탱한 탄력성이 있다.

8. **추천 이유** — 노반장(老班章)의 고다원(古茶園) 차는 2003년 秋茶부터 시작되었다. 이 차는 2004년 생산된 차로써 외부의 차와 섞임이 없는 순수 노반장 古茶園 大樹茶에서 채다한 원료로 노반장의 표준적인 가치가 있는 차라는 데 큰 의의가 있다. 그 맛은 시원한 듯 달콤한 뒷맛이 소화를 촉진시키는 듯하고 또한 더위와 식곤증, 피로에 탁월한 효과가 있다.

1. **품명** : 운남 맹고 빙도 대수차
2. **차창** : 맹해다창
3. **연도** : 2008년
4. **무게** : 357g
5. **종류** : 보이 생차
6. **시가** : 3,800,000원

7. **차의 특징** — 백호가 조금 있고, 차가 튼실하고 갈녹색과 갈황색을 띤다. 탕색은 밝고 맑으며, 향기는 은은한 란향 같은 독특한 勐庫 지역의 향기가 물씬 스며있다. 맛은 순한 듯 진한 맛에 단맛이 입안에 가득하고 생침이 많이 생기며, 우린 잎은 건강하고 탱탱한 신축성이 있으며 밝고 맑다.

8. **추천 이유** — 臨滄 古茶園 차는 2006년부터 시작되었는데, 이 차가 생산된 2008년도에는 고다원 찻값이 주춤하여 많은 차 농민이 차 생산을 마다하고 외지로 나가던 때이다. 외부의 차와 섞임이 없는 순수 冰島村의 大樹茶에서 채다한 원료로 冰島 大樹茶의 표준적인 가치의 차라는 것에 큰 의의가 있으며, 나른한 봄날 식곤증과 피로 회복, 그리고 기분전환에 많은 도움이 될 듯하다.

도림원
부산시 남구 천재등로 11 동성하이타운상가 1호   T. 010 9313 7416

1. **품명** : 빙도 교목고수차
2. **차창** : 오척도차창
3. **연도** : 2017년 봄
4. **중량** : 357g
5. **종류** : 생차
6. **시가** : 300만원

7. **차의 특징** — 달콤하고 시원한 과일 맛과 풍부한 감칠맛이 난다. 교목 고수차의 특징으로 건강하고 튼실한 엽저를 볼 수 있다.

8. **추천 이유** — 600년 이상 수령의 봄 차로서 내포성과 회감이 뛰어나며 사포닌 향과 차기가 일품이다.

1, **품명** : 석귀교목고수차
2. **차창** : 오척도차창
3. **연도** : 2016년
4. **중량** : 357g
5. **종류** : 생차
6. **시가** : 80만원

7. **차의 특징** — 린창시 방동촌 석귀(昔歸, 시꾸이)는 란창강 변에 위치하고 있다. 등조(藤條 : 등나무처럼 생긴 차나무)라고도 하는데, 맛이 달고 쌉쌀하며 꽃향이 일품이다. 빙도 고수차와 쌍벽을 이루며, 감아도는 회감이 좋다.

8. **추천 이유** — 차나무 수령이 500년 이상된 교목 고수 차이며 잎이 건강하고 줄기가 튼실하다. 내포성과 회감이 뛰어나다.

쾌활 보이차
서울시 서초구 서초동 1671-5 대림서초리시온 905호 T. 010-4574-4895

1. **품명** : 수령 약 2800년 흑조자 차왕 보이차
2. **차창** : 좋은보이차 쾌활
3. **연도** : 2017년
4. **중량** : 3킬로
5. **종류** : 고차수보이차
6. **시가** : 상담

7. **차의 특징** – 인류가 만날 수 있는 가장 오래 된 차나무 중 하나에서 채엽하여 전수공 과장으로 제조된 흑조자 보이차.

8. **추천 이유** – 중국 국가 보호수로 지정 될 차나무이므로 희소성이 있는 보이병차 임

1. **품명** : 본산 자순 고차수 보이차
2. **차창** : 좋은보이차 쾌활
3. **연도** : 2014
4. **중량** : 357그람
5. **종류** : 고차수 보이차
6. **시가** : 1천만원

7. **차의 특징** – 평균수령 1천 의 고차수에서 원료를 얻었으며 붉은 잎의 자순차계열로 백앵차산에만 있는 희소 품종의 차나무에서 만들어진 전수공 보이차

8. **추천 이유** – "본산홍"품종으로 운남 133종 차나무 중 백앵지역에만 있는 독특한 품종이며 최고수령 1천5백 년 평균수령 1천 년의 고차수로 만들어진 보이차

차랑재 부산시 연제구 거제천230번길 585-13번지 T. 010-3579-7532

1. **품명** : 차랑재 10주년 기념병(포랑산 고수차)
2. **차창** : 쌍강맹고오척도대개차창
3. **연도** : 2017년봄
4. **중량** : 357g
5. **종류** : 생차
6. **시가** : 10만원

7. **차의 특징** – 포랑산 지역 2~300년 대엽종 고수차를 가지고 단일 모료로 법제하여 맑은 청향에 솔향이 살짝 배어 나온다. 내포성은 15회 이상 회운이 좋다.

8. **추천 이유** – 작년 봄 고수차를 찾아 여러 곳의 차를 마셔 보다가 포랑산 고수차가 입맛에 맞아서 2톤을 찍게 되어 지금 가장 즐기는 고수차가 되어 버렸다. 향후 더 깊은 맛을 내어 주는 고수차가 될 것이다.

1. **품명** : 노수순
2. **차창** : 오척도차창
3. **연도** : 2010 맹해노수차 2014 임창 노수차 병배
4. **중량** : 400g
5. **종류** : 숙차
6. **시가** : 8만원

7. **차의 특징** – 숙미가 빠져 마시기가 편하고, 내포성 좋은 편이다. 노수차로 만들어 품질이 우수하다.

8. **추천 이유** – 누구나 쉽게 마실 수 있을 만큼 부드럽고 편안함을 주는 노수차 숙병 이다.

고수림

칠곡군 동명면 기성3길 58 T. 054-976-5000

1. **품명** : 고수림 반장
2. **차창** : 고수차창
3. **연도** : 2016년
4. **중량** : 400g
5. **종류** : 생차
6. **시가** : 35만원

7. 차의 특징 – 노반장 지역의 차엽을 고르게 병배하여 노반장 특유의 고삽미와 고수림 반장 특유의 연미가 어우러져 청아하고 맑은 맛을 느낄 수 있다. 돌아오는 회운이 묵직하고 신비로운 느낌을 전해준다. 투명한 금빛 탕색이 차의 품격을 더욱 높여준다.

8. 추천 이유 – 2016년에 제작되어 바로 드셔도 반장 특유의 청아함을 느낄 수 있고 보관할수록 맛이 부드럽게 바뀌는 명품 생차이다.

1. **품명** : 고수림 빙도
2. **차창** : 고수차창
3. **연도** : 2007년
4. **중량** : 400g
5. **종류** : 생차
6. **시가** : 35만원

7. 차의 특징 – 빙도 5채 고차수에서 명전에 채엽한 튼실한 아엽을 병배하여 빙도 만의 고유한 단맛과 산뜻한 화과 향이 은은하게 느껴진다. 탐색은 밝은 금황색을 띠고 있어 맑고 청량한 느낌을 받는다. 달고 산뜻한 맛과 생진 작용이 뛰어나다.

8. 추천 이유 – 반장과는 다른 단맛과 산뜻한 맛을 선호하시는 분들께 적합하며 특히 여성들에게 매력적인 명품 고수 차이다.

백비헌 충북 청주시 서원구 두꺼비로30 T. 010-5496-7090

1. **품명** : 오금호원차 (생차)
2. **차창** : 맹해차창
3. **연도** : 2005년산
4. **중량** : 400g
5. **종류** : 생차
6. **시가** : 300만원

7. **차의 특징** – 오금호 2005년산 맹해 차장 민영화 최초의 호급 차이며 특유의 연미와 성향을 가지고 있으며 구간과 내포성이 뛰어나며 2000년 이후 최고의 보이차 입니다

1. **품명** : 7742 월진월향 특제청병
2. **차창** : 맹해차창
3. **연도** : 2005년
4. **중량** : 400g
5. **종류** : 생차
6. **시가** : 150만원

7. **차의 특징** – 7742 월진월향 특제 청병. 2005년산 2004년 맹해 차창이 민영화되면서 최초의 7742(501)가 개발 되었다. 2005년 처음 2006년 두 번째 2007년 세 번째 그릭고 2011년. 2013년. 2015년. 단 6번만 출시된 7742입니다.

승설재 서울시 종로구 북촌로7길 3-4 T. 010-8982-4481

 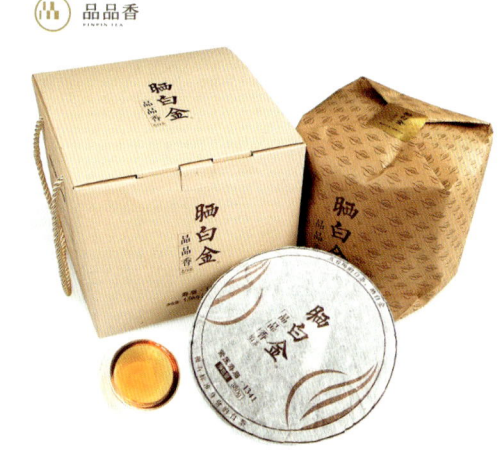

1. **품명** : 노수백차(老树白茶)
2. **차창** : 복건성 품품향차업유한공사
3. **연도** : 2017년, 2018년
4. **중량** : 4kg
5. **종류** : 백차(백호은침,백모단,공미,수미)
6. **원료** : 복정대백차, 복정대호차

7. **시가** : 250만원 (8월1일 기준 가격인상)

8. **차의특징** : 노수백차를 만드는 찻잎 원료는 품품향의 하산(河山) 노수다원(老树茶园)에서 채엽한 찻잎으로 만든 제품이다. 하산 노수다원은 1969년 上山下乡(상산하향)에서 옮겨 심은 품종이다. 1981년~2005년까지 자연적인 성장상 태를 유지하고 있던 노수다원이며, 2005년부터 품품향에서 다원의 관리 권한을 가지게 되었다. 노수백차의 제품은 백호은침 400g, 백모단 800g, 공미 1200g, 수미 1600g 으로 전장급 차로 구성되있다.

1. **품명** : 긴압수미 (1341)
2. **차창** : 복건성 품품향차업유한공사
3. **연도** : 2013년
4. **중량** : 380g×5편 총량:1.9kg
5. **종류** : 백차(병차)
6. **시가** : 편당 10만원(5편) (8월1일 기준 가격인상)

7. **차의 특징** – 빙도 5채 고차수에서 명전에 채엽한 튼실한 아엽을 병배하여 빙도 만의 고유한 단맛과 산뜻한 화과 향이 은은하게 느껴진다. 탐색은 밝은 금황색을 띠고 있어 맑고 청량한 느낌을 받는다. 달고 산뜻한 맛과 생진 작용이 뛰어나다.

8. **추천 이유** – 반장과는 다른 단맛과 산뜻한 맛을 선호하시는 분들께 적합하며 특히 여성들에게 매력적인 명품 고수 차이다.

향산

경북 문경시 문경읍 새재로 611-14 T. 010-3540-5552

1. **품명 :** 연화다반
2. **용도 :** 차 다반
3. **소재 :** 느티나무
4. **크기 :**

5. **특징 :** 나무 자체가 단단하고 색상과 무늬가 아름답습니다. 예부터 고급 목재로 널리 사용되었으며 천연 옻칠로 마감하여 내구성이 뛰어나고 방수 방습 방충효과 또한 뛰어나 고온수를 사용해도 무방합니다.

1. **품명 :** 차칙(연잎 차보기)
2. **용도 :** 찻잎을 떠서 옮기는 용도로 찻잎의 색상과 모양을 감상할 때, 혹은 차의 향을 맡아보기 위해 사용하는 목다구입니다.
3. **소재 :** 자단나무
4. **크기 :** 145X80mm (H: 25mm)

5. **특징 :** 소재가 단단하고 치밀한 목질을 지닌 자단 나무를 사용하였습니다. 자단은 고급 가구나 악기 제작 시 가치가 매우 높은 목재로 평가됩니다. 또 재단할 때 나는 장미향 때문에 장미목이라고도 불립니다.

고전문화 서울시 종로구 인사동 5길 7 T. 02-722-0103

1. **품명** : 남나산 야생 대수차(특급 수장품)
2. **차창** : 복해차창
3. **연도** : 2006년
4. **중량** : 357g
5. **종류** : 생차
6. **시가** : 20만원

7. **차의 특징** — 병면이 깨끗하다. 처음 우리면 옅은 훈연향이 먼저 올라오며, 차차 청향이 올라온다. 풍부한 찻잎 성분으로 말미암아 차탕의 점성이 좋다. 맛은 적당한 고삽미의 조화로 풍부하고 두터우며, 맑고 깔끔하며 상쾌하다. 회감과 내포성이 좋아 열 번 이상 우릴 수 있다.

8. **추천 이유** — 10년 이상 장기간 진화되어 구감이 부드럽고 목 넘김이 편안하다. 현재의 대수차에 비하여 가성비가 좋으므로 지금 구매하여 후발효를 기대할 수 있다.

1. **품명** : 맹고 교목왕
2. **차창** : 운남쌍강맹고차엽유한공사
3. **연도** : 2006년
4. **중량** : 500g
5. **종류** : 생차
6. **시가** : 25만원

7. **차의 특징** — 맹고 지역 노차산의 100년 이상 된 대엽종 교목의 우량 찻잎을 원료로 제작하여, 달콤한 청향과 상쾌한 향기가 있다. 처음에는 약간 쓴맛이 느껴지다가 곧바로 상쾌하고 감미로운 맛으로 변화되어 편안하게 느껴진다. 내포성이 좋고 회감이 오래 지속된다.

8. **추천 이유** — 10년 이상의 진기로 인해 맛이 깔끔하고 풍부하므로 지금 우려 마셔도 좋지만, 완전히 숙성된 차의 맛과 향기가 더욱 기대되는 고수차다. 또한, 중량이 500g이기 때문에 가성비가 좋다.

한국향도협회

제6회

향예사 자격증 시험

일시: 2018년 10월 27일(토)
장소: 주한중국문화원(서울)
문의: 02-720-2477

 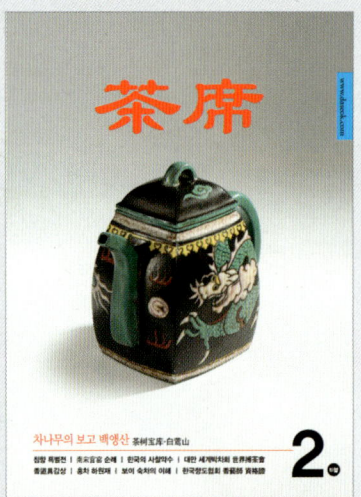 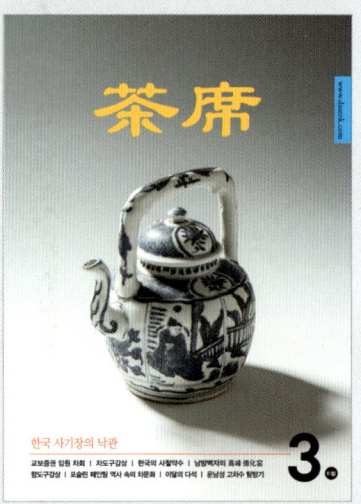

정기구독자 사은품

2018년
8월 1일~12월 30일

정기구독

4년 … 16권 정기구독 210,000만원
2년 … 8권 정기구독 105,000만원

입금계좌

우리은행 … 농협 302-073-4436461 예금주 박홍관
우체국 … 010-579-02-112851 예금주 박홍관(티웰)

권당 가격 … 15,000원
신청방법 … 이메일 또는 전화를 통해 신청가능합니다.
이메일 신청 teawell@gmail.com
문의 전화 … 02-720-2477

주소 서울시 종로구 삼일대로 461, 101동 307호(경운동, 운현궁 SK허브)

구독하는 분의 주소가 변동될 경우 반드시 사무실로 전화하여 변경된 주소를 알려주세요.